WILHELM BODE
DAMALS IN WEIMAR

WILHELM BODE

DAMALS IN WEIMAR

REPRINT

KIEPENHEUER

Unveränderter fotomechanischer Nachdruck
der dritten Auflage von 1912

ISBN 3-378-00451-7

Gustav Kiepenheuer Verlag Leipzig und Weimar

Erste Reprintauflage 1991
Druck und Einband: Offizin Andersen Nexö
Leipzig GmbH,
Graphischer Großbetrieb
Printed in Germany

Damals in Weimar

Von

Dr. Wilhelm Bode

Bilder von Ludwig Bartning, Robert Bauer, Valentin Blaufuß, Gustav Brinckmann, Otto Engelhardt, Goethe, W. Grosch, P. Heyn, Karl Hummel, Georg Melchior Kraus, Ed. Lobe, Rudolf Christoph Lossius, Friedrich Neumann-Hegenberg, Friedrich Preller d. J., Otto Rasch, Fritz Reichenbecher, Rudolf Ridel, C. A. Schwerdgeburth, Charlotte v. Stein, Heinrich Tessenow und Konrad Westermeyer

Dritte, vermehrte Auflage. 5. u. 6. Tausend

Weimar 1912

Verlag von Gustav Kiepenheuer

Vorwort zur dritten Auflage

Daß dies Buch auf geringem Raume eine erstaunliche Verdeutlichung von Alt-Weimar bietet, verdanke ich, und verdankt der Betrachter mit mir, den Frauen und Männern, die auf meine Bitte gern zur Mitarbeit bereit waren. Ich nenne zunächst die Künstler, die nicht geringes Studium daran wandten, ihre Gegenstände geschichtlich richtig darzustellen: Ludwig Bartning, Otto Engelhardt, Friedrich Neumann-Hegenberg, Otto Rasch, Fritz Reichenbecher und Heinrich Tessenow. Nützliche Ergänzungen steuerten die Photographen bei: W. Hartan, L. Held und K. Schwier; auch einige Freunde gaben mir hübsche Aufnahmen: L. Bartning, O. Rasch, Paul Schultze-Naumburg, Otto Voepel. Sehr wertvoll war die Darreichung alter Vorlagen, von denen viele hier zum ersten Male nachgebildet werden; die Geber waren:

Professor Robert Bauer in München,
Frau Therese Grosse in Weimar,
Frau Professor Alexandra Hummel (†),
Frau Archidiakonus Jacobi in Weimar,
Fräulein Marie Martini in Weimar,
Frau Professor Toni Preller in Blasewitz,
Frau Major Ridel in Weimar,
Professor Eduard Scheidemantel in Weimar,
Fräulein Adelheid v. Schorn in Weimar

sowie die Vorstände der

Großh. Bibliothek (Geh. Hofrat v. Bojanowski), des Goethe-National-Museums (Geh. Reg.-Rat Dr. Wolfgang v. Oettingen), des Großh. Museums (Dr. v. d. Gabelentz) und des Vereins ‚Frauenbildung, Frauenstudium' zu Weimar.

Die dritte Auflage bringt noch erheblich mehr Bilder als die vorhergehenden; jetzt sind es an großen und kleinen zusammen 97. Oft habe ich ein zuverlässigeres Bild einem schöneren vorgezogen.

Weimar, im Juli 1912.

Wilhelm Bode.

Das äußere Erfurter Tor

Von K. Westermeyer

Ansichtskarten gab es zu Goethes Zeit noch nicht, aber auf Briefbögen zeigte man auch damals schon dem Entfernten die Stadt oder Landschaft, aus der das Schreiben kam. Unsere erste Ansicht (auf S. 2) ist von einem Briefe abgeschnitten, den der Kanzler v. Müller an den Kunstgelehrten Ludwig Schorn richtete; des Bildes Sinn war in diesem Falle: Wenn du von München zu uns nach Weimar kommen willst, als des alten Heinrich Meyers Nachfolger, so wird Jena deine letzte Station sein; fährst du von dort her den letzten Hügel hinab, so stellt sich unser Städtchen dar, wie Figura zeigt. — Auch wir legen unsere Bilder Denen vor, die in Alt-Weimar heimisch werden wollen.

Burgmühle und Flederwischmühle

Zuerst also die Ansicht von der Jenaer Straße aus: Schloßturm, Schloß, Deutschherren-Komturei, Stadtkirche zu Sankt Peter und Paul, Gymnasium, dann kleine und große Bürgerhäuser, danach die Jakobskirche und der Hang des Ettersberges. Im Vordergrunde mündet die Jenaer Straße am Torhäuschen auf die Kegelbrücke. Dahinter liegt links die Burgmühle (s. das obere Bildchen im Text); rechts gegenüber sind im „Vorwerk“ Marstall und Postställe (S. 53). Dann steigt die Vorwerksgasse zum Töpfenmarkt, dem ehemaligen Friedhof der Stadtkirche, an. Und dringen wir noch ein paar hundert Schritte weiter, so sind wir schon am inneren und wieder ein paar hundert Schritte weiter stehen wir vor dem äußeren Erfurter Tore und blicken durch die geöffneten Torflügel ins freie Feld. Nur das Siechenhaus und die Flederwisch-Mühle (s. das untere Bildchen) liegen noch draußen.

Unser Erfurter Tor ist von Konrad Westermeyer im Jahre 1792 gemalt; er wohnte damals als junger Mensch im Hause der Frau Amtsschreiber König und hatte aus seinem Fenster diesen Blick auf Gärten und Gartenhäuschen, auf das kleine Torhäuschen mit dem grünen Schilderhause, auf die Soldaten, Laubfrösche genannt wegen ihrer grünen Fräcke und grünen Hosen, auf die Steinklopfer, deren Arbeit wenigstens die allertiefsten Löcher und Rinnen in der elenden Landstraße ausfüllte, auf die rüstigen Mädchen, die hier am Tore auf der Bank die schweren Körbe und Butten ein Weilchen absetzten, zur Freude der Soldaten, die mit dem Gewehr oder der Tabakspfeife ihren jeweiligen Dienst versahen. Das Tor muß man sich zwischen dem Roßbachschen und dem Mardersteigschen Hause denken (Erfurter Str. 14 und 9), da, wo jetzt ein Brunnen den kurzen Weg zum Theater schmückt. Die Scheune gab später den Bauplatz für Coudrays Haus her (Nr. 12, Mirus), während draußen auf dem großen Grundstück der Flederwischmühle die Höhere Töchterschule ‚Sophienstift‘ und das Lehrer-Seminar aufgebaut wurden.

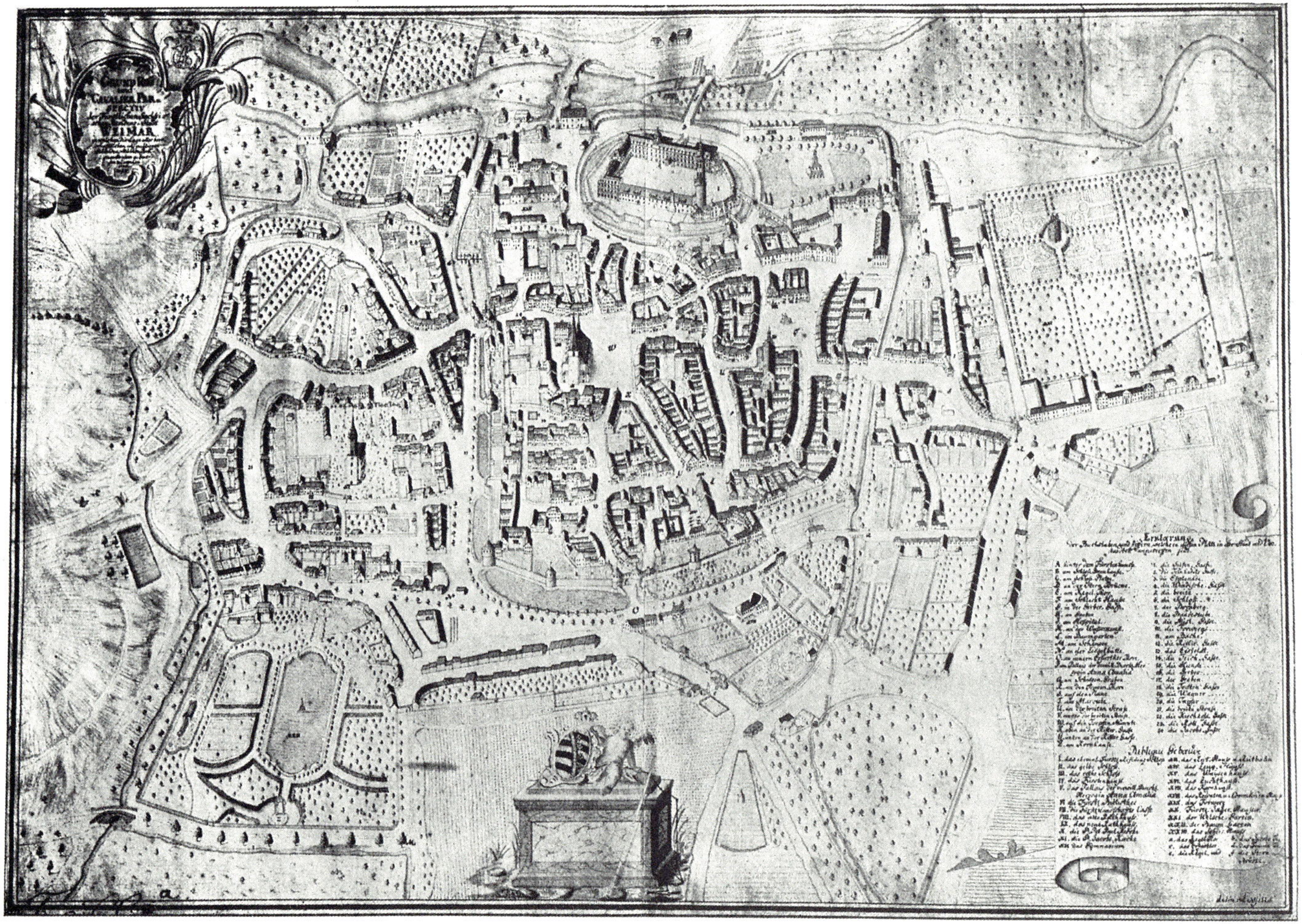
WEIMAR

Weimar 1785 Vogelschau-Plan von Rudolf Christoph Lossius

„Ferrara ward durch seine Fürsten groß."

Auch das thüringische Städtchen Weimar, das weder inmitten fruchtbaren Ackerlandes, noch an einem schiffbaren Strome, noch an einer wichtigen Handelsstraße lag, konnte nur in seiner Eigenschaft als fürstliche Residenz sich vor Berka, Buttelstädt usw. auszeichnen und zu einiger Größe gelangen. Aber bis über die Mitte des achtzehnten Jahrhunderts hinaus hatte Weimar auch von seinen Fürsten nicht viel Segen. Thüringen litt von jeher unter seiner politischen Zersplitterung und der daraus folgenden Zwergwirtschaft. Um 1700 gab es in dieser Provinz Deutschlands 27 Hofhaltungen und Regierungen, eine geistliche Statthalterschaft (Erfurt), zwei freie Städte (Mühlhausen und Nordhausen) und außerdem Stücke, die an Hessen, Hannover, Brandenburg und Bayreuth steuerten. Die Verfassung der sächsischen Herzogtümer veranlaßte beständige Erbteilungen und Gebietsanfälle und deshalb auch immer neue, langwierige Streitigkeiten. Und schließlich war mancher Fürst ein Gernegroß, hielt sich eine Miniatur-Armee, die doch schon unsinniges Geld kostete, oder trieb Verschwendung mit Jagden, Reisen, Bauten und andern Passionen. So hatte auch Weimar lange einen ebenso wunderlichen wie verschwenderischen Herrn, Ernst August, der von 1708 an Mitregent, von 28—48 alleiniger Herzog war. Auf ihn folgte eine vormundschaftliche Verwaltung durch die Herzöge von Gotha und Meiningen, denn sein hinterlassener Sohn war unmündig. Als dann Ernst August Konstantin 1755 die Regierung antreten konnte und sich mit der braunschweigischen Prinzessin Amalie vermählte, hoffte das Land, daß er milder und sparsamer als sein Vater sein möchte; aber er starb schon mit 20 Jahren, und nun bestand die fürstliche Familie für die Herzogtümer Weimar und Eisenach (denn Dieses war 1742 dem Herzog von Weimar anheimgefallen) zunächst nur aus einer neunzehnjährigen fürstlichen Witwe und einem Knäbchen, dem Erbprinzen Karl August. (Ein zweiter Prinz, Konstantin, wurde drei Monate nach des Vaters Tode geboren.)

Diese Herzogin-Regentin Amalie und nach ihr der ältere Sohn, Herzog Karl August, begründeten dasjenige Weimar, das aus seiner Armut heraus in aller Welt berühmt wurde. Langsam bildete sich ihr Städtchen um, nur langsam, denn die Kriegswut jener Zeiten zerstörte immer wieder den jungen Wohlstand, die heranblühende Kunst, die entstehende Wissenschaft. Und der junge Ruhm Weimars war auch lange Zeit mit übler Nachrede vermischt.

„Weimar, dir fiel ein besonderes Loos:
Wie Bethlehem in Juda klein und groß!"

So rief Goethe 1782 aus, aber er fügte sogleich hinzu:

„Bald wegen Geist und Witz beruft dich weit
Europens Mund, bald wegen — Albernheit!"

Über das Äußere der Stadt, über ihre Plätze und Straßen sprach man noch lange Zeit ohne Lob. „Schrecklich sind die Wohnungen hier", urteilte Siegmund v. Seckendorff 1775, „schrecklicher, als man sie sich vorstellen kann." „Weimar, das wie ein Nest aussieht und eine Hauptstadt spielen will," nannte er es später, und ebenso sprach Herder von „dem wüsten Weimar, dem unseligen Mitteldinge zwischen Hofstadt und Dorf." Auch Schiller urteilte ähnlich. „Jena," meinte er 1787, „ist oder scheint ansehnlicher als Weimar; längere Gassen und höhere Häuser erinnern einen, daß man doch wenigstens in einer Stadt ist." Und ebenso nennt ein Reisebuch jener Zeit Weimar einen mittelmäßigen Ort, der hinter Jena sehr zurückstehe. „Die Häuser sind meist alle dürftig gebaut, und es hat fast Alles das armselige Ansehen einer nahrungslosen Landstadt. Man darf sich nicht weit von den Hauptstraßen entfernen, um in Winkel und Löcher zu kommen."

Stadtplan von 1825 Von Blaufuß

Als mit dem ersten Januar 1801 das neue Jahrhundert begann, fragte Schiller in ernsten Versen: „Edler Freund! Wo öffnet sich dem Frieden, / Wo der Freiheit sich ein Zufluchtsort? / Das Jahrhundert ist im Sturm geschieden, / Und das neue öffnet sich mit Mord." Und nur mit dem Rat der Entsagung wußte er zu antworten: „In des Herzens heilig-stille Räume / Mußt du fliehen aus des Lebens Drang! / Freiheit ist nur in dem Reich der Träume, / Und das Schöne blüht nur im Gesang!" Der Mann dagegen, der im Weimarischen Wochenblatte das neue Zeitalter zu begrüßen die Aufgabe hatte, war anderer Meinung, zum Teil, weil er nicht auf die ehrgeizigen großen Völker, sondern nur auf seine kleine Heimat blickte. „Wie Vieles ist seit unserm Leben in zwei Regierungsperioden nicht geschehen, das unsere kühnste Hoffnung auf die Zukunft begünstiget! Ein schöner Garten, voll Blüten, Obst und Früchte ward unsere Gegend; regen Schrittes wandelte Kultur durch Tal und Höhen; ihr folgte aufgeklärter Fleiß und schuf aus Wüsten urbar Land. Es blühen Nahrung und Gewerbe. Und nicht bloß, was das dringende Bedürfnis heischt, auch was das Leben reizend macht, bereitet Weimars Kunstgeschick und Kunstgeschmack für sich und für das Ausland . . . Die Lumpen seiner Bürger sind in reinliches und stattliches Gewand verwandelt. Ihre Hütten heben zu schönen Wohnungen allmählich sich empor. Verschwunden sind die Sümpfe, deren Aushauch unsere Stadt vergiftete, und Reinlichkeit erheitert jeden Blick."

Im ganzen 18. Jahrhundert war die Einwohnerzahl Weimars nicht gestiegen. Immer 6000! In hundert Jahren waren 18353 Kinder geboren worden, aber der Gestorbenen waren ein paar hundert Menschen mehr: 18590. Von 1800 an dagegen hob sich die Einwohnerzahl, und als Karl August starb, waren es 10000.

Wir können die Veränderung und Zunahme der Stadt gut erkennen, wenn wir die Pläne von Lossius und Blaufuß vergleichen. Lossius zeigt uns noch das festungsmäßige Weimar: enge Gassen, dicke Mauern, plumpe Tore, wüste Gräben, stinkende Teiche und Wasserläufe; und in die Stadtfestung hat er noch die Schloßfestung hineingezeichnet, wie sie vor dem Brande von 1774 aussah.

Weimar hatte damals vier innere und ebensoviele äußere Tore: nach Westen die beiden Erfurter, nach Norden zwei Jakobstore, nach Osten Kegeltor und Schalltor, nach Süden zwei Frauentore. Diese Tore wurden abends je nach der Jahreszeit zwischen 6 und $^{1}/_{2}$10 Uhr geschlossen und in der Frühe zwischen 4 und 6 Uhr geöffnet. Wer in der Sperrzeit passieren wollte, entrichtete als Fußgänger einen, als Reiter zwei Groschen; Einheimische zahlten die Hälfte.

1825 dagegen erscheint die Stadt aufgeschlossen; die Befestigung ist fast gänzlich verschwunden; es sind mehr ebene Wege und Plätze, mehr breite Straßen da; die Stadt ist luftiger, gesünder. Ein größerer Teil der Bewohner wohnt jetzt in den Garten-Vorstädten, die vor den Toren teils erst entstanden, teils erheblich gewachsen sind. Namentlich aber dehnt sich nach Süden ein weiter Park aus.

In dieser Stadt sich einzunisten, riet Goethe dem jungen Gelehrten Eckermann. „Es ist in Weimar noch viel Gutes beisammen," meinte er, „und Sie werden nach und nach in den höheren Kreisen eine Gesellschaft finden, die den besten aller größeren Städte gleichkommt." Dann rühmte er allerlei Einzelnes: Menschen, Einrichtungen, Sitten. „Wo finden Sie auf einem Fleck soviel Gutes? Ich bin seit fünfzig Jahren hier. Und wo bin ich nicht überall gewesen! Aber ich bin immer gern nach Weimar zurückgekehrt."

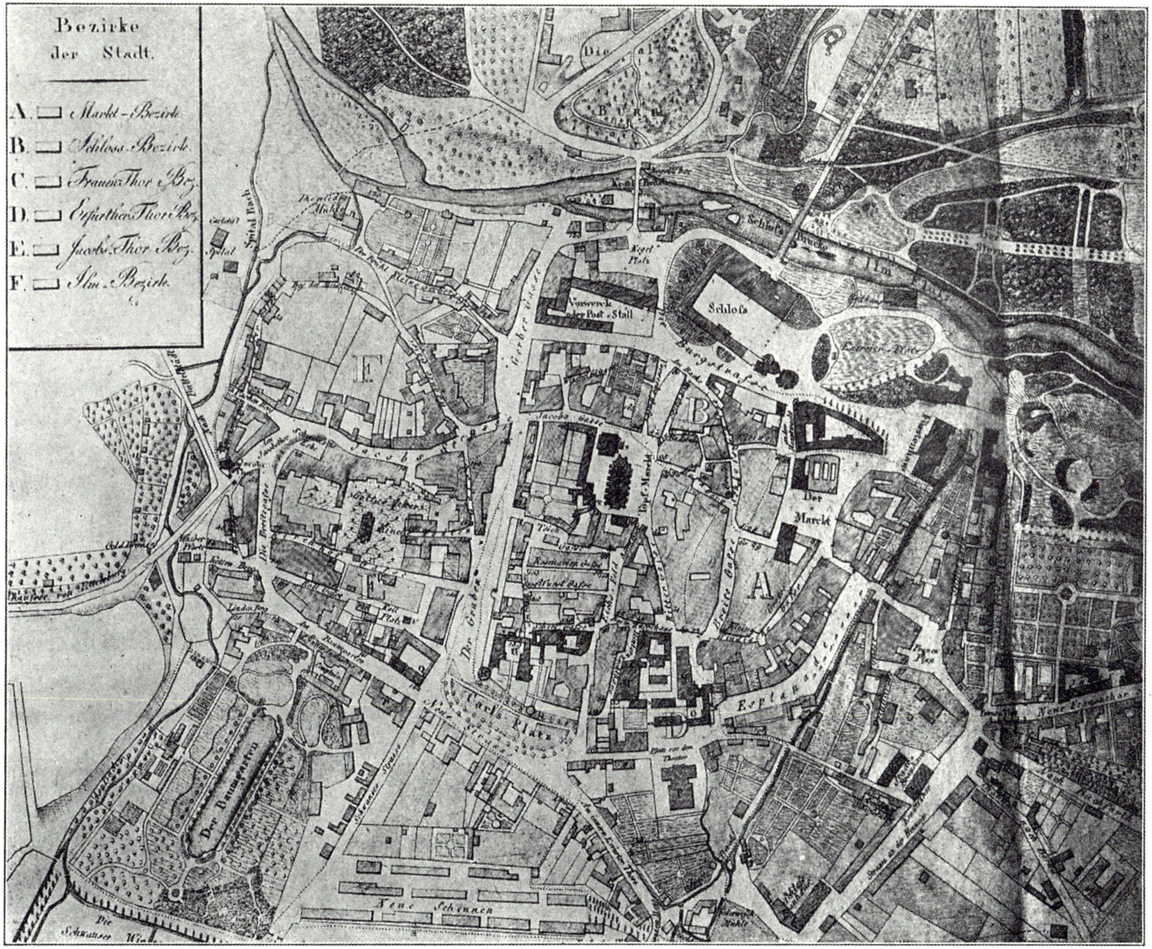
Bezirke
der Stadt.
A. Markt-Bezirk
B. Schloss-Bezirk.
C. Frauen Thor Bez.
D. Erfurther Thor Bez.
E. Jacobs Thor Bez.
F. Ilm-Bezirk.
Schloss
Der Markt
Vorwerck oder Post-Stall
Carls Platz
Der Baumgarten
Neue Scheunen
Esplanade
Jacobs Gasse
Der Graben
Burgstrasse

Weimar Abendseite 1785 Von Ludwig Bartning — Das Geleitshaus Von Otto Rasch

Wir standen, ehe wir die Pläne betrachteten, vor dem äußeren Erfurter Tore. Nun kehren wir um und blicken auf die Stadt. Ludwig Bartning versetzt uns zugleich in das Jahr 1785 zurück, in dieselbe Zeit, wo Lossius seine Übersicht schuf. Vor der Befestigung liegen einige Scheunen und Gartenhäuser, aber auch von dem damals ganz neuen Komödienhaus ist ein Stückchen sichtbar. Links ist die Umwallung unversehrt; vom Erfurter Tore (beim heutigen Garten-Eingang zum Gasthof Chemnitius) führt sie zum „Kasse-Turm" (noch erhalten, gegenüber der Post) und dann ostwärts den „Graben" hinab. Aber auf der rechten Hälfte des Bildes ist die Stadtmauer schon in die Gärten und in die Westfront des Palais hineinbezogen, in dem Herzogin Amalie ihren Witwensitz hatte. Und noch weiter rechts sind die Gräben und Teiche zu einer Promenade eingeebnet; hinter den ersten jungen Bäumen erkennen wir gerade noch Hauptmanns Redoutenhaus.

Wir durchschreiten nun das Tor und lassen uns nicht erschrecken von den Feuerfunken, die uns von der Seite ansprühen: in einem der Türme treibt ein Hufschmied sein Handwerk. Nach wenigen Schritten erreichen wir das Geleitshaus.

Das erinnert an die Zeiten des Faustrechts! Als die Reisenden, besonders die Kaufleute, vor Wegelagerern zittern mußten, gab ihnen die Landes-Obrigkeit bewaffnete Begleiter mit, wofür sie Geleitsgeld zahlten.

Jedoch „Vernunft wird Unsinn, Wohltat Plage"; die Bewaffneten wurden in friedlicheren Zeiten als überflüssig abgeschafft, die Abgabe aber blieb. In den Geleitshäusern mußten sich nun die Reisenden Geleitszettel lösen; die Geleits-Bereiter aber überwachten nun die Straßen, um sparsame Reisende zu fangen, die ohne Zettel zu reisen wagten. So waltete denn auch im letzten Drittel des 18. Jahrhunderts im Untergeschoß des alten Hauses, das sich auf unserm Bildchen vorschiebt, der Geleits-Administrator Creutzburg seines Amtes, eifrig besorgt, daß seines Herzogs Einnahme aus sotanem, angestammtem Gefälle nicht verkürzt werde. Sein oberes Geschoß war an Herrschaften vermietet, z. B. an den Rentamtmann Philipp Seidel, der einst mit dem Dr. Goethe als dessen Diener und Schreiber nach Weimar kam, und an den Präsidenten Weyland, einen Elsässer und Vetter der Friederike Brion Sesenheimer Angedenkens.

Gehen wir an der Ostfront des Geleitshauses die schmale Scherfgasse hinauf, so haben wir links ein großes altes Haus. Darin wohnte lange Zeit der Hofmarschall v. Schardt, und unter seinen Kindern wuchs hier ein Fräulein Charlotte auf, das 1764 mit dem Stallmeister Josias v. Stein das Ehebündnis schloß. Als Goethe sie kennen und sehr bald lieben lernte, wohnte sie mit ihrer kleinen Familie ganz nahe am Vaterhause, so daß ihr eigener Garten mit dem väterlichen durch eine Tür verbunden war.

Scherfgasse, Bezirksdirektion, Kasseturm

Aufnahmen von K. Schwier.

Ein sehr altes Häuschen ist das dritte und letzte in der Scherfgasse; vor uns liegt die Hofbuchdruckerei, die lange Zeit der tatkräftige Verleger Böhlau, der Vater unserer weimarischen Dichterin, beherrschte und die noch früher dem Staatsminister v. Voigt, Goethes Freunde, als Wohnung diente. Wir aber wenden uns links und schreiten durch ein überbautes Tor auf einen Platz, den auf drei Seiten alte Gebäude bilden, während die frühere vierte Wand, die Stadtmauer, jetzt durch einen Säulengang ersetzt worden ist. Von den drei alten Häusern war das nördliche, das jetzt die Amtsräume der Bezirksdirektion enthält, in seinem Obergeschoß die v. Steinsche Wohnung: schöne nach Süden gelegene, mit Stuckdecken gezierte Räume. Sie erstrecken sich bis an den Kasseturm; zwischen dem damals kleineren Hofe und der Stadtmauer lag der Garten. Als Goethe im Oktober 1827 mit Eckermann auf die „magnetische Kraft" zwischen Liebenden zu sprechen kam, erzählte er, wie er in seinen ersten weimarischen Jahren nach einiger Abwesenheit die Geliebte besuchen wollte, aber auf ihrer Treppe umkehrte, weil er oben fremde Stimmen hörte. „Ich war schnell wieder in den dunkeln Straßen, unmutig und leidenschaftlich durchschweifte ich die Stadt." Und es geschah das Wunder, daß seine Sehnsucht aus der Ferne auf die Geliebte wirkte, die nun, als ihr Besuch gegangen war, nach Hut und Mantel griff, sich gleichfalls in die Gassen begab und schließlich dem Freunde begegnete. „Ich begleitete sie bis vor die Tür, bis in ihr Haus. Sie ging auf der finsteren Treppe mir voran, wobei sie meine Hand hielt und mich ihr gewissermaßen nachzog."

Das Eisfeld

Von P. Heyn

Wir kehren zum Geleitshause zurück und blicken nach Morgen, nach dem Töpfenmarkt zu. Die Straße vor uns heißt, man weiß nicht, warum: das Eisfeld. Vier sehr enge Gassen verbinden sie mit der gleichlaufenden kleinen Teichgasse: die Scherf-, Wurst-, Rosmarin- und große Teichgasse; nach Süden zu verbindet die Geleitgasse das Eisfeld mit der Ritter-, Breiten- und Windischen Gasse. Auf unserm Bilde sehen wir die Leute dieses Viertels zur Kirche ziehn; es ist Weihnachts-Heiligabend, und die Glocken haben in vollem Chor zur Christmette gerufen.

Das Haus zur Rechten, dessen Zugänge eine Laterne erleuchtet, ist der alte Schwarzburger Hof, das Ritterhaus der Grafen und nachmaligen Fürsten von Sondershausen und Rudolstadt, die wegen Arnstadt Lehensvasallen der Herzöge von Weimar waren; als sie diese Dienstbarkeit nicht anerkennen wollten (1711), schickte der weimarische Herzog 1500 Mann Reiter und Fußvolk sowie ein paar Kanonen gegen Arnstadt und nahm dort einige Räte und Diener gefangen. (Das war der

vorletzte weimarische Feldzug, der letzte ging 1741 gegen den Abt von Fulda.)

Im letzten Viertel des 18. Jahrhunderts bewohnte Freiherr Jakob Friedrich v. Fritsch diesen Schwarzburger Hof; er war seit 1762 Mitglied des „Geheimen Konsiliums“, d. h. einer der drei oder vier nächsten Räte des Landesherrn; 1772 ward er Vorsitzender dieses Konsiliums oder erster Minister. Bis 1800 behielt er dies Amt; er war also viele Jahre Goethes vorgesetzter Kollege und strich ihm zuweilen auch die Fehler an; 1814 starb er, 83 Jahre alt. Seit Fritschens Abgang war Goethe der älteste der Geheimen Räte oder der erste Minister, obwohl er an der eigentlichen Staatsverwaltung und Politik sich schon längst nicht mehr beteiligte.

Nach Fritschens Tode wurde das große Besitztum ein Gasthof: Hôtel de Saxe hieß es eine Zeit lang, jetzt ist es der „Sächsische Hof“. Die enge Behrendsgasse, die vom Eisfeld zum Töpfenmarkt führte, ward erst um 1880 verbreitert und zum Eisfeld mitgerechnet.

Der Töpfenmarkt Blick nach Osten Von Otto Rasch

Als Goethe am 7. November 1775 in aller Frühe in Weimar anlangte, fuhr er, nachdem der Torschreiber am Erfurter Tore seines Dienstes gewaltet, über das Eisfeld und durch die Behrendgasse (in derselben Richtung, wie wir in das Bild sehen) auf den Töpfenmarkt, den ehemaligen Kirchhof der Peter-Pauls-Kirche. Vor dem stattlichen Giebelhause der alten Deutsch-Ordens-Komturei bog der Landauer Wagen ein; vor der großen Tortür hielt er. Man pochte die Bedienten munter — es war ja eben erst fünf Uhr vorbei. Und dann stieg man zu den Zimmern Seiner Exzellenz des Herrn Kammerpräsidenten v. Kalb hinauf.

Denn der Sohn des Kammerpräsidenten war Goethes Begleiter auf dieser Schicksalsfahrt von Frankfurt nach Weimar gewesen; er war nun auch schon sein Freund und Duzbruder. Und natürlich mußte Freund Goethe, der auch dem jungen Herzog so sehr gefallen hatte, bei Kalbs Vater absteigen; man hatte ja genug Raum und Dienerschaft; es fehlte auch nicht an fröhlicher Unterhaltung, wo eine zwanzigjährige und eine vierzehnjährige Tochter ihre Freundinnen einluden, den berühmten Dichter des ‚Werther' zu sehen, der so närrisch sein konnte und alle jungen Fräulein, wie er's im Elsaß gehört hatte: Miesel, d. h. Mäuslein, nannte.

Hier also war Goethes erste Wohnung in Weimar. Am 18. März 1776 entlohnte er die aus sieben Köpfen bestehende v. Kalbsche Dienerschaft; es war jetzt entschieden, daß er in Weimar blieb; also mietete er eine eigene Wohnung (dem Gelben Schlosse gegenüber).

Im Jahre 1808, als die Familie v. Kalb ihres Wohlstandes und Ansehens längst verlustig war, kaufte ein Emporkömmling dies Haus: die schöne Sängerin Karoline Jagemann, damals dreißig Jahre alt, seit neun Jahren eine nahe Freundin des Herzogs, der sie später zur Frau v. Heygendorf machte. Zu Goethe hatte diese Frau ein seltsames, für beide Teile schwieriges Verhältnis: sie war seine Untergebene, da er die Oberdirektion des Theaters führte, und gewann doch durch die Liebe des Herzogs manchmal die Übermacht; man hatte viel gegen einander und mußte doch Freundschaft halten.

Die Gasse, die neben dem Komturhause herunterführt, heißt Vorwerksgasse nach dem früheren Vorwerke der Deutschritter. Hier wohnte der Bassist Strohmeier, der Verbündete der Jagemann in Theatersachen, der schließlich mit ihr auch über Goethe siegte. Ganz nahe war dann das Schloß, so nahe, daß Karl August zuweilen das Abendessen aus der Schloßküche in die traulicheren Räume der Komturei tragen ließ.

Einen Schäfer und seine Herde zeigt uns Professor Rasch auf diesem Platze, der doch mitten in der Stadt liegt: noch jetzt leben Leute, die solche Herden aus der Torfahrt eines großen Geschäftshauses der Südseite, in dem früher Landwirtschaft betrieben wurde, hervordringen sahen.

Will aber einer statt des Schafhirten lieber einen Seelenhirten auf diesem Platze vor der Kirche sehen, so denke er sich, daß Herder und Johannes Falk aus der Kirchtüre treten und, ehe sie sich ihren nahen Wohnungen zuwenden, noch in eifrigem Gespräche stehen bleiben. Sie reden über das Fortleben nach dem Tode. Beide zweifeln nicht daran, aber wie ist dies Fortleben zu denken? Haben wir drüben die Erinnerung an unser jetziges irdisches Dasein? Falk glaubt und wünscht es, der Generalsuperintendent aber fände Das entsetzlich. „Wir stehen jetzt," ruft Herder aus, „auf Sankt Petri-Pauls-Kirchhofe gegeneinander, und ich hoffe, wir werden vielleicht auf dem Uranus uns ebenso einander gegenüber stehen. Aber verhüte Gott, daß ich die Geschichte, z. B. meines hiesigen Aufenthalts in diesen unten an der Ilm gelegenen Straßen mit allen möglichen Details mit in jene Welt hinübernehmen sollte!"

Stadtkirche und Gymnasium Von Ludwig Bartning

Wir blicken aus einem Fenster der Frau v. Heygendorf auf die Peter-Pauls-Kirche und das Gymnasium, das damals, wie die Akademie in Jena, zu den „frommen Werken" gerechnet wurde; dahinter liegen die Mägdleinschule, die Prediger- und „Schulkollegen"-Wohnungen.

Das ist gewissermaßen eine geistliche Insel im klassischen Weimar. Goethe, Schiller, Wieland, Karl August usw. waren keine Kirchgänger. „Ich ehre sie," sagt Faust von den Sakramenten; „Doch ohne Verlangen," antwortet Gretchen: so hielt man es in Weimar.

Auch für das Schulwesen hatten die Landesverwalter und geistigen Führer wenig Sinn. Herder zwar bemühte sich nicht nur von Amts wegen, sondern mit einem heiligen Eifer für die sehr nötige Verbesserung der Schulen; aber immer wieder stieß er auf Gleichgültigkeit oder offenen Widerstand. Und außerdem waren tüchtige Lehrer gar selten. Das Gymnasium, dem er als Ephorus vorstand, diente zugleich als Bürgerschule, als Landlehrer-Seminar und als Vorbereitungsanstalt für die Akademie; es war also sehr stark besucht. Die Vornehmen freilich hielten eigene Hauslehrer für ihre Söhne; auch Goethes August und die hinterlassenen Söhne Schillers hatten Hauslehrer; sie besuchten das Gymnasium nur die letzten Jahre vor dem Abgange zur Universität. Eine Liebe für diese Schule zeigten Goethe und Schiller nie.

Von den Leitern und Lehrern traten Heinze, Musäus, Böttiger, Riemer, Heinrich Voß, Passow und Johannes Schulze zeitweise in nähere Verhältnisse zu den berühmten Dichtern. August Kotzebue, der das Gymnasium von Tertia an besuchte, lernte hier bei seinem Oheim Musäus das Dichten. Hingegen weigerte sich in späteren Jahren der Primaner August v. Goethe, lateinisch Verse in deutsche umzudichten: sein Vater habe ihm das Versemachen verboten.

Gleich hinter dem Gymnasium in der Jakobsgasse wohnte der Gymnasialdirektor Böttiger, den Goethe mit erstaunlicher Heftigkeit haßte. Es war aber mehr ein ästhetischer Widerwille als eigentliche Feindschaft. Jahre hindurch war man gut Freund miteinander gewesen; in einigen Gedichten Goethes und Schillers lebt Böttigers gründliche Kenntnis der antiken Welt noch heute fort, denn beide Dichter wandten sich gern an den überaus gelehrten und überaus gefälligen Mann, bis endlich seine Geschäftigkeit und Geschwätzigkeit, sein beständiges Ausplaudern von Neuigkeiten der Schriftstellerwelt ihn widerwärtig machte.

Schräg gegenüber von Böttiger wohnten die Brüder Karl und Franz Kirms; Karl war Legationsrat, Franz Geheimer Kammerrat und neben Goethe der Verwalter des Hoftheaters: ihm unterstand alles Wirtschaftliche. Iffland, Zacharias Werner, Kotzebue, die Jagemann waren häufige Gäste dieses Hauses, später wohnte auch der dänische Märchendichter Andersen darin. Einige Schritte weiter biegen wir in die Luthergasse ein, die Luthers Weg bei seinen Besuchen in Weimar war, wenn er von seiner Herberge in der Vikarei des Deutsch-Ordens-Vorwerks zur Kirche oder zum Franziskaner-Kloster ging. An dieser Gasse lag ein halb wüster Hof, der einst den Grafen von Orlamünde gehört hatte; in einem besseren Teile hatte Wieland seine erste Weimarische Wohnung, von 1772—1777; hier besuchte ihn Goethe zuerst und am öftesten. Im Jahre 1825 kaufte Johannes Falk für 5000 Taler das verfallene Besitztum; er hatte sich in der Not der Franzosenzeit aus einem überflüssigen Satiriker in einen notwendigen Wohltäter und Waisenvater verwandelt, fand nun aber für sich und seine vielen Schutzbefohlenen schwerlich noch eine Mietwohnung. Durch Handwerker hätte er diesen Hof nicht auferbauen können; so tat er es denn mit seinen Waisenknaben.

Hinter der Stadtkirche Alte Lithographie — Im Text: Herders Garten

Am 2. Oktober 1776, abends neun Uhr, fuhr ein schwerer Reisewagen den Töpfenberg hinter der Kirche hinauf. Es war so dunkel, daß der Nachtwächter den Wagen nur hörte, aber er wußte ja, wer erwartet wurde; kräftig stieß er in sein Horn und sang dann in die Nacht hinaus: Eins ist not! Ach, Herr, dies Eine / Lehre mich erkennen doch!

So ward der neue Hofprediger und Generalsuperintendent empfangen, als er von Bückeburg nach Weimar kam. Goethe hatte ihm die Wohnung eingerichtet, nachdem die kinderreiche Familie des Konsistorialrats Seidler „ausgenistet" war.

Siebenundzwanzig Jahre wohnte Herder nun hier. Glücklich durch Frau und Kinder, auch immer von einigen Freunden geliebt und bewundert, aber nie zufrieden mit seiner Wirkung in seinen Ämtern, selten befriedigt vom Erfolg seiner Schriften. Im Dunkel der Kirche, die ihm gerade vor der Mittagssonne lag, verdüsterte er selber. Doch immer wieder konnte er auch fröhlich, herzlich, beredt, bezaubernd vor seine Gäste treten, und immer blieb er überaus tätig. In diesem Hause ward die Sammlung ‚Stimmen der Völker in Liedern' und die große Weltübersicht ‚Philosophie der Geschichte der Menschheit' vollendet, hier entstand zuletzt noch der ‚Cid'. Manche Freunde weilten gern in dieser liebreichen Häuslichkeit, von Frauen z. B. Sophie v. Schardt, Charlotte v. Stein, Charlotte v. Kalb, von Männern Goethe, Wieland, Knebel, August v. Einsiedel, Jean Paul, Heinrich Meyer, aus Gotha der Prinz August, aus Erfurt der Statthalter Karl v. Dalberg und sein Bruder Friedrich. Der katholische Domherr Friedrich v. Dalberg wollte Herdern eine große Ferienzeit verschaffen und nahm ihn mit sich nach Italien. Herder fand in Rom seine beste Gönnerin, Herzogin Amalie, wieder; trotzdem sehnte er sich doch immer zurück zu den Seinen. Am 9. Juli 1789 früh um zwei Uhr, als der schönste Mond an der einen, die Morgenröte an der andern Seite des Himmels stand, klopfte der Heimgekehrte an seine Tür. Drinnen war Alles bereit, ihn zu empfangen, Frau und Kinder streckten die Köpfe heraus und riefen ihm zu, aber der — Hausschlüssel war eine ganze Weile nicht zu finden!

Vor dem schmalen Nachbarhause stand ein Posten; es war das Hinterhaus des Obersten v. Laßberg. Auf der andern Seite, nach den Schulen zu, wohnte der Stiftsprediger. Seit 1801 hatte Karl Friedrich Horn das Amt; er war der beliebteste Geistliche der Stadt und ein vortrefflicher Lehrer dazu; sämtliche jugendliche Prinzen und Prinzessinnen in Weimar zwischen 1800 und 1830 erhielten seinen Unterricht. Sein altes Haus ward später abgerissen. In der Superintendentur erkennen wir oben rechts, neben dem Stiftspredigerhause Herders Arbeitszimmer. Daneben lag in der Mitte des Stockwerks ein Vorsaal, dahinter waren die Familienzimmer. Im ersten Obergeschoß lagen nach Laßbergs zu die Empfangszimmer; unter der Studierstube aber war Herders Schlafzimmer. Hier ist er auch, am 18. Dezember 1803, in den letzten Schlaf versunken.

Der Marktplatz West- und Nordseite Von Ludwig Bartning

Wenn zu der Zeit, wo Karl August jung war, der Gastwirt „zum Elefanten“ wie jener Wirt „Zum goldenen Löwen“ „unter dem Tore des Hauses sitzend am Markte“ seinen Blick über den Platz gleiten ließ, so sah er ungefähr unser Bild. Uns Heutige reizt das Altertümliche; er dagegen sucht im Gewohnten das Neue, was der Tag bringt. Um das Rathaus biegt eine Reisekutsche. Wird sie bei ihm vorfahren oder beim „Erbprinzen“? Gleichviel! Wenn Jener den Gewinn hat, so hat er auch die Last, diese Fremden zu bedienen. Ein Gastwirt am Markte braucht nicht zu sorgen und zu schmorgen; ist das Städtchen auch klein und arm, hier auf dem Markte gibt es doch viel Leben, und aus der Menge sondern sich gar oft Einzelne und Gesellschaften ab, um in der gegen Mitternacht gelegenen Schenkstube ein Schöppchen zu trinken.

„Und sie gingen dahin und freuten sich alle der Kühlung.“

„Ich logierte auf dem schönen Markt im Elefanten,“ erzählt uns ein Quedlinburger Geistlicher über einen Sommertag 1783. „Es war Sonnabend, und ich habe hier ein ebenso lebhaftes Gedränge von Menschen, Landleuten, Wagen, Karren, insonderheit eine unbeschreibliche Menge von Gärtnerwaren gesehen als in Gotha. Der Markt ist ein reguläres Quadrat, und es wimmelte von wenigstens 4000 Menschen, daß man des Gedränges wegen nicht durchkommen konnte.“ Dieser Reisende, der zuerst noch Menschen und Landleute unterscheiden konnte, hat dann, als er wenigstens 4000 Menschen sich durcheinander drängen sah, den Platz mit Unrecht für ein reguläres Quadrat gehalten. Die Seite, an der die Gasthöfe liegen, schiebt sich wie ein Wirtsbauch vor, und an der Westseite trat damals der Rathausgiebel in den Platz hinein. Der Platz war also etwas kleiner als heute, denn das jetzige Rathaus (von 1837) ist zurückgesetzt; jetzt sind die damals verdeckten von Norden und Süden her einmündenden Straßen sichtbar. Jener alte Platz war mehr Raum, mehr Saal als der jetzige, und in diesem Saale, den nur der Himmel bedeckte, fehlte auch die Musikanten-Bühne nicht; wenn Markt war, spielten die Stadtpfeifer von dem Erker herab, den wir unter dem Türmchen des Rathauses erblicken.

Hier am Markte gab es eine Anzahl Gewölbe und Läden; Krämer mit Hamburger und Bremer Waren (Kolonialwarenhändler hießen sie später), Tuchkrämer und andere Kaufleute gab es hier. In der Mitte der Ostseite wohnte der einzige Buchhändler, Hoffmann; in der Mitte der Nordseite (sein Haus ist an dem Erker im Obergeschoß kenntlich) der einzige Apotheker, der Hofmedikus und Bergrat Dr. Buchholz.

Die Besitzer dieser hohen Häuser am Markt konnten fast alle ein „Quartier“ oder mehrere vermieten. So schauten denn aus den Fenstern der Obergeschosse bald auch die Köpfe der Literaten und Künstler heraus. Neben der Hofapotheke im Schrickelschen Hause blühte und verblühte Korona Schröter. Die beiden Humoristen Jean Paul und Johannes Falk konnten sich über den Platz weg Grüße zuwinken; Falk wohnte mit seiner Familie über dem Magazin eines Kaufmanns, der Junggeselle Jean Paul bei der Sattlermeisterin Kienholz und über der munteren Sängerin Maticzek. Knebel hatte 1789 ein paar Zimmer bei der Hofrätin Günther an der Ecke nach dem Frauentor zu. Zwischen ihm und dem „Elefanten“ wohnten damals ein paar Wochen die Schwestern Karoline v. Beulwitz und Lotte v. Lengefeld, deren Verhältnis mit Schiller damals „auskam“. „Sie solle sich nicht so um den Rat Schiller bemühen und sich dadurch lächerlich machen,“ stand in einem Briefe, den Lotte hier von einer Ungenannten erhielt. „Überhaupt findet man durch den Umgang mit Dichtern kein Glück, indem sie alle Phantasten sind und vom wahren Glück des Lebens weit entfernt sind. Jagen Sie nicht so nach Poeten, sondern bilden Sie sich lieber zu einer guten Hausfrau!“

Der Marktplatz Ostseite Von Ludwig Bartning

Dem Rathaus gegenüber, ganz ähnlich gebaut, lag das „Stadthaus“. Es ward in der klassischen Zeit wie heute von der Gemeinde an Wirte verpachtet; hier fanden am häufigsten die Vergnügungen statt, wie man sie damals liebte oder haben konnte: Redouten, Bälle, Liebhaber-Konzerte, Virtuosen-Konzerte, Schaustellungen, Vorträge von Improvisatoren, Deklamatoren, Gelehrten. Immer hatte eine geschlossene Gesellschaft hier ihre Stätte. Auch die fürstliche Familie erschien hier häufig, sich mit der Menge zu vergnügen.

In den Jahren 1800 und 1801 ließ der Stadtrat das Haus gründlich erneuern, 11800 Taler wandte er daran. In dem neuen Saale wollte Kotzebue am 5. März 1802 jenes Fest zu Ehren Schillers feiern, das der Bürgermeister auf des Herzogs Geheiß verhinderte. Kotzebue rächte sich dafür noch Jahre hindurch an Goethe, zu dessen Herabsetzung jenes Fest wohl eigentlich gemeint gewesen war.

Neben dem Stadthause liegt ein Doppelhaus, 1549 von dem Baumeister Nikolaus Grohmann erbaut, der auch die schöne Torfahrt des Schlosses geschaffen hat. Das erste dieser Zwillingshäuser hatte als ersten Eigentümer den Dr. Christian Brück, dessen Vater, der Kanzler Brück, dem Kaiser Karl dem Fünften für die protestantischen Fürsten und Stände im Juni 1530 das „Augsburgische Glaubensbekenntnis“ überreichte. Christian Brück hatte auch einen berühmten Schwiegervater: den Maler Lukas Kranach, der hier gestorben ist. Goethe hätte dies Haus, in dem zu seiner Zeit der Buchhändler Hoffmann sehr eifrig war, sein weimarisches Stammhaus nennen dürfen, denn er stammte durch seine Mutter sowohl von den Brücks als auch von Lukas Kranach ab. Doch Das ist ihm selber nicht bekannt gewesen.

Der Brunnen auf dem Marktplatze erinnert an einen andern bildenden Künstler; die Neptunsfigur, voller Kraft und Leben, ist 1774 von Martin Klauer gefertigt; es war eine seiner ersten höheren Aufgaben.

Wo sich der Markt nach Osten öffnet, erblicken wir das „Rote Schloß“; an der Südseite aber beachten wir noch den „Erbprinzen“ und das kleine Haus daneben, nach dem „Elefanten“ zu. Denn dieses Haus besaß und bewohnte Wieland von 1792—97, bis er das Stadtleben satt bekam und mit erstaunlicher Kühnheit sich das Rittergut zu Oßmannstädt kaufte. Dies Haus gab er dann für 1000 Louisdor an Goethes Freund und Amtsgenossen, den Geheimen Rat Voigt, weiter. Doch wohnten Wieland und Voigt mehr als nach vorn in einem Hinterhause, das wir jetzt von der Parkstraße betrachten können. (Bild S. 82.) Hier waren sie denn freilich zwischen den Pferdeställen der beiden Gasthöfe eingekeilt: zwischen dem Lärm der Gäule und Kutscher, zwischen den Ausdünstungen und Fliegenschwärmen der Dunghaufen.

Flüchten wir uns lieber in das Vorderhaus des „Erbprinzen“! Hier ist 1848 der Freundschaftsbund zwischen Liszt und Richard Wagner geschlossen, als Wagner aus Dresden vor dem Gefängnis, das ihm, dem Revolutionär, drohte, entflohen, sich in Weimar ein paar Tage verbarg und weiterhelfen ließ. Hier hätten wir 1826 ein andres Freundespaar, ein paar würdige alte Staatsminister, aus einem Wagen steigen sehen können: Goethe und Wilhelm v. Humboldt; Goethe war dem Gast bis Umpferstedt entgegengefahren. Und am 2. November 1803 hätten wir uns hier unter gar wackere Zecher mischen können. „Der Forstmeister Stein hat mit allen hiesigen Jagdbrüdern den Hubertustag gefeiert. Im Erbprinzen war die Gesellschaft. Schiller und Knebel waren auch dabei und mußten mit Gewalt im Gefolge des lustigen Bruders weit nach Mitternacht Ständchen bringen. Knebel soll immer dazu geflucht haben.“

Einfahrt zum Wittumspalais Von Ludwig Bartning Hof im Palais Von Otto Rasch

Wo die Windische Gasse, Breite Gasse (jetzt „Marktstraße") und Rittergasse sich begegnen, steht ihnen ein altes Gebäude, ein ehemaliges Kloster, gegenüber. Franziskaner-Barfüßer zogen 1453 in diese Burg Gottes, die ihnen der fromme Herzog Wilhelm eröffnet hatte. Als dann die sächsischen Fürsten zu der Lehre des abtrünnigen Augustiners übergingen, der auch in diesem Kloster zu Gast gewesen war, hatten die Mönche hier kein Bleibens mehr. Am 20. November 1533 verließen sie in feierlichem Zuge, dem vorgetragenen Kreuze folgend, das ungetreue Weimar; einige wenige Bürger pilgerten mit ihnen in die Fremde. Das Kloster ward ein Kornhaus, wohin die Landleute von ihrer Ernte steuern mußten; jetzt dient ein Teil dem Rechnungsamte, und in dem Stück, das wir rechts auf unserm Bilde haben, befindet sich die 1872 begründete Musikschule.

Auch die Häuschen gegenüber sehen nach Mittelalter aus. In einem davon ist Adolf Donndorf aufgewachsen. Den nahen Brunnen, woher einst seine Mutter das Wasser holen mußte, hat er 1895 mit Gestalten geschmückt, die von dankbarer Erinnerung an die Armut der Heimat zeugen.

Die Gasse aber zwischen diesen Häuslein und dem Kloster führt auf das ‚Palais' der Herzogin Amalie zu und links durch einen Gang und über eine Treppe zur Esplanade hinauf.

Wenn wir geradeaus durch das Tor treten, so haben wir zu unserer Linken sogleich die Küche der Herzogin: fünf offene Herde standen hier unter einem einzigen, riesigen Rauchfang. Gleich dahinter, links vom überbauten Tore, lag die „süße Küche". Alle hier sichtbaren Teile des ‚Palais' gehörten vormals zum Kloster.

Auf dem zweiten Bilde sind wir auf der Hofseite und erkennen den alten Klosterflügel mit der Einfahrt wieder; ihm angebaut ist ein kleines, altes Häuschen: in diesem Winkel wohnten die Kammerfrauen der Herzogin. Ihre Namen sind nennenswert, denn an diesen Damen können wir lernen, wie die „klassische Zeit" im Kleinen zubereitet wurde. Herzogin Amalie und ihr Sohn Karl August waren nicht reich; sie konnten nicht wie jener Römer Mäcenas Künstler und Gelehrte zu sich rufen und sie aus der Fülle ernähren und beschenken. Sondern, wenn sie solche Umgebung begehrten, so mußten sie die im Staate und am Hofe hergebrachten Ämter mit Personen besetzen, die diese Ämter versahen, aber auch zur Kunst und Wissenschaft Eifer und Gaben mitbrachten. Auf diese Weise konnte man eine ansehnliche Reihe von Talenten und „schönen Geistern" bilden, von den Geheimen Räten, Professoren und Geistlichen bis zu den Köchen und Kammerfrauen. Auf diese Weise erhielt man auch die Gehilfen und die empfänglichen Zuschauer, deren doch auch die Genies bedürfen, um ihre volle Kraft zu entfalten. Amalie Kotzebue kam als erste Kammerfrau der jungen Herzogin Amalie aus Braunschweig mit. Ihr Bruder war Kabinettssekretär der Fürstin; sein Sohn August ward später der erfolgreichste Theaterdichter seiner Zeit; seine Tochter Amalie ward das Haupt der berühmten Bremer Familie Gildemeister. Eine andre Nichte der Amalie Kotzebue, Karoline, trat in den gleichen Dienst bei der Herzogin; sie heiratete 1793 den Steuerrat Ludecus; unter dem Schriftstellernamen „Amalie v. Berg" rührte sie mit Romanen und Trauerspielen das Publikum. Zwei Töchter des berühmten Konzertmeisters Franz Benda in Potsdam wurden gleichfalls Kammerfrauen der Herzogin, indem sie zugleich in ihre Kapelle traten. Wilhelmine blieb ledig; Karoline, eine vorzügliche Klavierspielerin, ward 1770 die Gattin des Hofkapellmeisters Wolf; auch noch zu Goethes Zeit und in Goethes Stücken wirkte Madame Wolf als Sängerin und Schauspielerin mit, selbst nachdem sie ertaubt war.

Das Wittums-Palais an der Esplanade Von Ludwig Bartning

Der Geheime Rat v. Fritsch, der oberste Berater der Herzogin Amalie in den letzten Jahren ihrer Regentschaft, erbaute 1767, als er sich verheiratete, dies Palais, von dem wir soeben schon redeten, indem er dem vom Kloster (oder Kornhause) abgetrennten Teil zwei neue Flügel nach der Stadtmauer zu anbaute. Als dann im Mai 1776 das Residenzschloß abbrannte, bot er seiner Herrin dies Besitztum an. So ward es „Wittumspalais". Vom Herbst 1774 bis zu ihrem Tode am 10. April 1807 hatte Herzogin Amalie hier ihre Stadt- und Winterwohnung.

Auf der Stadtansicht von 1785 sahen wir schon die südwestliche Front und damit einen der neuen, von Fritsch erbauten Flügel. Jenes alte Bild stimmt mit der heutigen Ansicht nur wenig überein, denn seitdem ist das untere Geschoß, das Pferden und Wagen Raum bot, nach dem erhöhten Theaterplatz zu unterirdisch geworden, und die vormaligen Gärten sind bis auf wenige Reste verschwunden; ein Teil ist zum Platz gezogen, ein Streifen zur Zeughausgasse geworden. Anderes ward zum Bauplatz für das Kutschhaus und die Lackierstube der Hofwagnerei (1823, später Kulissenhaus) und für die östliche Häuserreihe der Wielandstraße.

An der südöstlichen Front lag das Untergeschoß des Palais von jeher etwas unter der Esplanade. Wir sehen auf unserm Bilde, das etwa den Zustand zwischen 1800 und 1820 darstellt, nur die beiden Obergeschosse und die Mansarde. Letztere enthielt die Büchersammlung der Herzogin. Darunter, im zweiten Obergeschosse, zeigen uns die drei Fenster links an der Ecke das Versammlungszimmer bei Festlichkeiten; die folgenden fünf Fenster gehören zu einem Saale, in dem Bälle und dramatische Aufführungen stattfanden; später diente er der Freimaurer-Loge, Goethe hielt darin seine Rede auf Wieland. In dem ersten Obergeschosse, das wie ein Erdgeschoß erscheint, war links an der Ecke das dreifenstrige Speisezimmer; die nächsten vier Fenster zeigen zwei kleinere Empfangs- und Wohnräume an, und das letzte Fenster verrät uns das schmale Schlafzimmer der Herzogin, in dem sie auch gestorben ist.

Die edle Fürstin sah aus ihren Fenstern zwei ihrer schönsten Werke vor sich: das Theater, an dessen Entstehung Niemand größeren Anteil hatte als sie, und die Esplanade. Im Jahre 1757 hatte sie aus einer Wildnis von Wällen, Gräben und Teichen eine Ebene bereiten und diese durch Anpflanzung in eine herrschaftliche Promenade verwandeln lassen.

Nun ergingen sich hier die Spaziergänger, begegneten sich die Herren und Damen. Kinder durften nur unter Aufsicht hier spielen, sie hätten sonst die Bosketts beschädigt oder Steine in den Goldfischteich geworfen. Mägde und Handwerksgesellen hatten keinen Zutritt. An beiden Enden war die Promenade durch Gitter verschließbar; das eine Ende befand sich am inneren Frauentore, das andere an Amaliens Palais. In der Mitte war ein hübscher Pavillon errichtet; hier liebte die Fürstin den Lustwandelnden nahe zu sein.

Karl August hatte einmal die Absicht, diese Promenade mit dem Park und auch mit den neuen Anlagen auf dem Schweinemarkte („Karlsplatz") zu verbinden, aber der Plan ward aufgegeben, und auch die Esplanade verlor ihren Charakter als grüne Anlage. Man ließ ein Wohnhaus nach dem anderen zu; so entstand zuerst eine feine Wohnstraße, die sich dann weiterhin zur Geschäftsstraße entwickelte. Promenade ist sie trotz dieser Wandlung geblieben; sie führt uns jetzt an den lockenden Auslagen der Buch- und Tuchhändler, der Gürtler und Goldschmiede, der Kleider- und Möbelkünstler vorüber. Und sie heißt jetzt Schillerstraße, weil Schillers letztes Wohnhaus dem kleinen Teiche gegenüber steht, an dem Herzogin Amalie einst die Goldfische fütterte.

Tiefurt Westseite von K. Westermeyer — Ostseite von L. Held (im Texte)

Der junge Theologe Georg Müller aus Schaffhausen, des Geschichtsschreibers Bruder, durfte im Herbst 1780 den Generalsuperintendenten Herder nach „Tiefort, dem Lusthaus des Prinzen Konstantin" begleiten. „Es ist ein äußerst angenehmer Weg, der Ilm nach, durch ein Wäldchen, wo wir meisterlich waten mußten. Er, Herder, ging mir voran durch Stauden und Stöck. Endlich kamen wir auf eine schöne Wiese, dann wieder ins Holz, dann übers Wasser in den Garten, wo eine kleine chinesische Hütte ist, hinauf auf den Berg, den Knebels Phantasie ausgebildet hat, zu einigen kleinen Altärchen, wo man ins Tal eine schöne Aussicht hat, zu einer Grotte, die Virgils Grab heißt, oben gegen dem Feld am Wald vorbei auf eine hohe Eiche von drei Stockwerken, ordentlichen Altanen, wo eine schöne Aussicht ist und reine herrliche Luft weht."

Prinz Konstantin und Knebel hatten zuerst das Pächterhaus zum Schlößchen und die Wiesen und Abhänge zum Park verwandelt; als der Prinz auf weite Reisen ging, zog seine Mutter von Ettersburg hierher und ließ das liebliche Flußtal noch weiter verschönern. Von 1780 an bis zu ihrem Tode (1807) hatte Herzogin Amalie hier ihre Sommerwohnung. Für sich besaß sie im Obergeschoß fünf Räume: Schlafzimmer, Garderobe, Wohnzimmer, Empfangszimmer und Speisezimmer. Daneben blieben noch ein Billardzimmer und Kabinett übrig, die auch als Gastzimmer dienten; doch wurden die Gäste oft bei dem Bauer Grobe und andern Landleuten einquartiert, auch Wieland, der getreueste Gast. Auf dem Bilde der Ostseite sehen wir oben drei Fenster des Schlafzimmers der Herzogin; der bedeckte Gang führt zu den Stuben der Fräulein v. Göchhausen. Unten in diesem Nebengebäude war die Küche. Westermeyer hat die vordere, westliche Seite im Sommer 1793 gezeichnet. Die Dame auf der Bank soll wohl die alte Fürstin sein; in ihrer Nähe steht der kleine Erbprinz Karl Friedrich seinem Schwesterchen, Prinzessin Karoline, gegenüber.

Einige Male war hier lautes, festliches Treiben, z. B. an jenem 22. Juli 1782, wo Goethes ‚Fischerin' aufgeführt wurde: an und auf dem Flusse, bei Fackelschein: Korona Schröter sang damals den ‚Erlkönig' zum ersten Male. Gewöhnlich aber ging es ländlich-still und gleichmäßig her. Hier war ein Tal des Friedens; alle Gäste der milden, klugen, bescheidenen Herzogin Amalie behielten ihr „Tibur" in liebendem Gedächtnis. Und noch heute und für uns gelten die Verse, die sie über den Eingang ihrer Idylle schreiben ließ:

Hier wohnt Stille des Herzens. Goldene Bilder
Steigen aus der Gewässer klarem Dunkel.
Hörbar waltet am Quell der leise Fittich
Segnender Geister.

Belvedere, Schloß und Kavalierhäuser Von Fritz Reichenbecher Im Text: Gewächshaus

Als der achtzehnjährige Herzog Ernst August Konstantin am 24. März 1756 seine Gattin (sie war sechzehn und ein halbes Jahr alt) in seine Residenz einführte, ließ er nach Empfang und Festmahl sogleich wieder anspannen und begab sich mit der Gefährtin nach Belvedere hinauf: hier war der rechte Ort, von den Strapazen der aufgeweichten Straßen zwischen Braunschweig und Weimar auszuruhen und Flitterwochen zu feiern.

Zwei Jahre später war die junge Herzogin schon Witwe. Belvedere blieb ihre Sommer-Wohnung, bis sie es 1776 der jungen Gattin ihres Sohnes Karl August abtrat. Karl August säuberte jetzt den Berg von manchem Wunderlichen aus des Großvaters Zeit (die Bauten und Gärten waren 1724—32 von Herzog Ernst August angeordnet worden) und schuf Neues. Von allen Wissenschaften betrieb er am liebsten Pflanzenkunde und Gärtnerei; in Bertuch und Goethe hatte er Neigungsverwandte; tüchtige Gärtner: Reichert, Dietrich und Sckell, standen hilfreich zur Seite; Geld und Mühe ward nicht gespart. Belvedere ward weithin als Pflegstätte der botanischen Wissenschaft und der Gartenkunst berühmt. (Näheres s. Goethes Morphologie, Schema usw. von 1822.)

Noch einmal, 1790, verbrachte Herzogin Amalie einen Sommer hier oben, weil ihr Tiefurt überschwemmt gewesen war. Sie war eben aus Italien zurückgekehrt und hatte noch Heimweh dahin. „Ich suche mir einen Kreis von guten Menschen zu machen. Herder, Goethe und Wieland sind fleißig bei mir. Herder wird bei mir wohnen, um hier eine Brunnenkur zu gebrauchen ... Mit den Kunstsachen, die ich mitgebracht habe, habe ich mir hier ein kleines Museum arrangiert.“

Belvedere blieb ein Sommerort für die fürstliche Familie, blieb auch stets eine Stätte, wo sie Künstler und Gelehrte um sich versammelte. Aber Jedermann durfte sich hier ergehen; der nahe Gasthof erquickte die Spaziergänger im Sommer, die Schlittenfahrenden im Winter. „Donnerstag nach Belvedere“, begann Goethe im Juni 1813 ein Liedchen für die ihm nächsten „Lustigen von Weimar“; Donnerstag, denn da ward im Theater nicht gespielt:

Montag reizet uns die Bühne,
Dienstag schleicht dann auch herbei,
Doch er bringt zu stiller Sühne
Ein Rapuschchen frank und frei.
Mittwoch fehlt es nicht an Rührung,
Denn es gibt ein gutes Stück;
Donnerstag lenkt die Verführung
Uns nach Belveder' zurück.

Haus der Frau v. Stein

„Haus der Frau v. Stein“ nennt man ein Kavalierhaus am Parke; es hat ihr nie gehört, auch bewohnte sie nur den dritten Teil, diesen allerdings von 1776 bis 1827.

Das Haus ist ein Überrest eines alten Vorwerks. Es enthielt die Pferdeställe für die Husaren des Herzogs und die zugehörigen Futter- und Sattelkammern. 1776 ward unter Goethes eifriger Beihilfe das Obergeschoß in zwei Wohnungen verwandelt; die westliche, größere, deren Haustür unsere Photographie zeigt, erhielt der Oberstallmeister v. Stein, die östliche der Oberforstmeister v. Wedel, der „schöne Wedel“, der sich damals mit der Hofdame Marianne v. Wöllwarth verheiratete. Unten blieben die Ställe bis 1795; dann ließ der Herzog hier eine Sommerwirtschaft für die Parkbesucher einrichten, zu welchem Zwecke das Erdgeschoß erhöht wurde; das Obergeschoß ward einstweilen in die Höhe geschraubt und abgesteift. 1799 übergab der Herzog diese Räume dem Chemiker Dr. Scherer für seine Versuche. 1804 verwandelte

Von ihr selbst gezeichnet

er sie, nachdem erst noch Schornsteine eingebaut waren, in eine griechisch-katholische Kapelle für seine Schwiegertochter, die Großfürstin. Am Weihnachts-Vorabend 1813 konnte Frau v. Stein unter ihrem Fenster 28 Baschkiren, Kirgisen und Kosaken zählen, „ein Jeder mit anderer Mütze und anderem Kleid“, die hier der Schwester ihres Kaisers die Honneurs machten, als sie aus der Kirche kam. Im Saale lauschte auch Goethe der schönen geistlichen Musik der Russen.

Von den Bewohnern des Obergeschosses starb Herr v. Stein 1793 und Herr v. Wedel im folgenden Jahre. Die beiden Witwen blieben hier wohnen. 1804 räumte Frau v. Wedel ihre Zimmer der Gräfin Henckel v. Donnersmarck, der sehr klugen und sehr gelehrten Oberhofmeisterin der Erbprinzessin-Großfürstin.

Unser Bild war von Fritz v. Stein seiner Base Luise v. Kloch, geb. v. Imhoff, geschenkt. Aus der Aufschrift: „Erinnerung aus Weimar am 21. Nov. 1824“ darf man schließen, daß Fritzens Mutter die Zeichnung gemacht hat.

Blicke in die Seifengasse Zeichnung von Otto Rasch und Aufnahme von Karl Schwier

Zwei Straßen, unter einander gleisig, verbanden die Wohnung der Frau v. Stein und Goethes Stadthaus: an der Südseite, dem Wälschen Garten zu, die Ackerwand, an der Nordseite die Seifengasse. An der Ackerwand-Seite hatte sie, wie ihr Sohn Karl scherzte, „für drei Sinne auf einmal drei Delicen", nämlich fürs Auge den Park, fürs Ohr die Nachtigallen und für die Nase den Duft der Orangenbäume, die jeden Sommer auf die Postamente unter ihren Fenstern gestellt wurden. Wenn sie sich dann in ihren weichen Lehnstuhl setzte, ihr Hündchen streichelte und den so sehr geliebten Kaffee trank, so waren auch die übrigen Sinne befriedigt. Die Seifengasse aber war eine Armeleutsgasse; so zeigt sie sich von Goethes Hause her; ein paar Vornehme wohnten aber auch darin und hatten sogar einen schönen Blick aus ihren Fenstern, nämlich auf den großen Garten, der zum Helldorfischen Hause am Frauenplan gehörte, und weiterhin auf Wielands Haus zwischen den Gasthöfen am Markte (s. das obere Bild auf S. 82) und auf das Fürstenhaus.

Unser Bild zeigt links die Wohnung der Frau v. Stein auf ihrer Nordseite; wir sehen die zweite Haustür, die sie benutzte, wenn sie über die Brücke des Schützengrabens bei der Bibliothek zum Fürstenhause spazierte, um dort ihre guten Freundinnen, Herzogin Luise oder Prinzessin Karoline, zu besuchen. Von ihren Nordfenstern zu den Südfenstern des Fürstenhauses konnte man sich leicht Grüße zuwinken oder zurufen. In dem Hause neben ihr hatte Goethe vom 2. August 1779 bis zum 2. Juni 1781 für 5 Taler im Vierteljahr eine Wohnung; es waren hübsche, ziemlich große, wenn auch nicht sehr hohe Zimmer; im Winter waren sie jedenfalls behaglicher als die Stuben im Gartenhause, aber Goethe nahm sie doch nur als Notquartier.

Von dem erwähnten großen Garten zeigt unser Bild ein Stück Mauer mit einer Hinterpforte; davor steht ein kleines Haus, in dem der Professor Musäus wohnte. Von seinen wenigen Räumen gab er noch ein paar an Kostgänger ab; für ihn, seine Frau und seine zwei Knaben blieb ein einziges Zimmer übrig. Hier saß er neben den schnarrenden Spinnrädern, zwischen den spielenden Kindern und dichtete. Oder er blieb, um einmal der Stille zu genießen, bis nach Mitternacht auf, hielt sich durch Kaffee und Tabak munter und dichtete. Bald dichtete er nach der Leute Bedarf, bald zu seiner eigenen Ergötzung: Hochzeits- oder Trauer-Karmina (fester Preis: ein Laubtaler), Singspiele, Ballett-Pläne, satirische Romane. Ein paar Jahre lang schrieb er Volksmärchen der Deutschen: er ließ die alten Weiber, die qualmenden Soldatenkrüppel und die halbwüchsigen Kinder aus der Seifengasse hereinkommen und ließ sie Geschichten erzählen; für jedes Märchen zahlte er einen Dreier. Als er sie in seiner Fassung 1782—86 herausgab, ward es ein großer Erfolg. Er war nun plötzlich der Gelesenste der weimarischen Dichter. Reich wurde er auch jetzt noch nicht, aber er brauchte doch keine Kostgänger mehr zu halten, keine Privatstunden mehr zu geben, sondern konnte jeden schönen Nachmittag, mit einem Buche und der Kaffeekanne, zu seinem Garten jenseits der Kegelbrücke pilgern.

Fürstenhaus und Bibliothek Von Ludwig Bartning — Im Text: Ansicht von 1808

Wir kommen von dem Kavalierhause, in dem Frau v. Stein wohnte, gehen über den Schützengraben (der 1813 und 1825 zugeschüttet wurde) und haben nun das Fürstenhaus zur Linken, die Bibliothek zur Rechten.

Das Hauptgebäude der Bibliothek war einst ein Gartenhaus der herzoglichen Familie; es hieß das ‚Französische Schlößchen‘; erbaut ist es 1562—69 nach dem Muster desjenigen zu Chatillon. 1732 ward es zum Zeughaus eingerichtet. 1763—67 ließ die Herzogin-Regentin Amalie es wieder umbauen und sodann ihren reichen Büchervorrat hineinschaffen. „Der Gebrauch einer großen Bibliothek wurde freigegeben“, so drückte Goethe es aus, und in der Tat bedeutete die räumliche Abtrennung der Bücher von der fürstlichen Residenz eine Hingabe an die Gelehrten und Bildungseifrigen. Schon früh entstand der Ruhm: „Keine Bibliothek Deutschlands wird im Verhältnis häufiger benutzt, keine für Einheimische und Fremde bequemer, freundlicher und dienstfertiger verwaltet.“ (Biedenfeld 1841.)

Dies ehemalige Schlößchen war von allerlei Nebengebäuden umgeben; sie fielen mit der Zeit, die Bibliothek wuchs ihnen nach. Im Norden ließ Karl August 1803 an Stelle eines Turmes ein Eingangs- und Treppenhaus aufführen; im Süden gewann man Anschluß an einen Turm der alten Stadtbefestigung, der 1825 die vom Herzog besonders geliebte Landkarten-Sammlung und Militärbücherei aufnahm. Im Laufe seiner Regierung war die Bibliothek aber namentlich auch ein Museum geworden, in dem unschätzbare Kunstwerke und Merkwürdigkeiten sich anhäuften. — Vor dem Französischen Schlößchen lag einst ein Lustgarten, der sich bis an den Marktplatz und Schützengraben erstreckte und von grün bemalten Schwibbogenmauern eingefaßt war. Später wurde der Garten zum Platz, und gegen 1770 erwarb sich die ‚Landschaft‘ den südlichen Teil dieses Platzes, um ihr Amtshaus daraufzusetzen. Als ihr „Entrepreneur“ war der Jagdlakai Hauptmann tätig, der erste und kühnste Bauunternehmer in Altweimar.

Als sich nun die Landschaft nach vollendetem Bau hier einrichten wollte, brannte die Wilhelmsburg ab, und der junge Herzog forderte dies Gebäude als einstweilige Residenz. Er bekam seinen Willen, obwohl die Mutter widerstrebte. Am 17. Oktober 1775 führte er eine junge Gemahlin, die Prinzessin Louise von Darmstadt, hier ein. Hier machte ihm Goethe die erste Aufwartung in seinem Eigenen. Hier erlebten dann Herzog und Herzogin viel Gutes und viel Schlimmes, denn volle 28 Jahre dauerte diese zeitweilige Unterkunft. Hauptmann hatte sehr unsolid gebaut: eine Decke fiel herab, Balken senkten sich, Balkenköpfe faulten; das Ausbessern hörte nie auf. Auch von außen hatte das Gebäude keineswegs das „kaiserliche Ansehn“, das ihm 1774 die Herzogin-Mutter im Zorne einmal zuschrieb; es war ein breiter Kasten, der nur durch einige Scheinsäulen gegliedert war. Die wirklichen Säulen, die wir jetzt sehen, sind erst 1892 vorgebaut.

Das Rote Schloß Von Ludwig Bartning Nebenbild: Westfront nach dem Markte

Im Fürstenhause wohnte Herzog Karl August zwei Treppen, Herzogin Luise eine Treppe hoch. „Die junge Herzogin war heute oben, ganz in Gestalt und Wesen eines Engels," heißt es einmal in Goethes Briefen an Frau v. Stein, und ein andermal: „Der Herzog läßt mich und Wedeln hier oben sitzen und steht [unten] hinter Ihrem Stuhle, schwör' ich."

Wenn man dort oben ans Fenster trat und auf die Stadt hin blickte, hatte man zu allernächst das Küchengebäude des Fürstenhauses, denn diese Küche lag, nicht eben bequem, auf der gegenüberliegenden Seite des Platzes. Doch größer vorgelagert waren, dies Küchengebäude in die Mitte nehmend, zwei Flügel des ‚Roten Schlosses', beide von Norden nach Süden gerichtet; der westliche dem Marktplatze zugekehrt, der östliche nach der Bibliothek zu abbiegend. Auf unseren Bildern sehen wir nur den westlichen Flügel, der heute noch steht; auf dem Hauptbilde erscheinen links einige Häuser am Markte, im Hintergrunde Stadtkirche und Gymnasium. Solange wie Karl August im Fürstenhause wohnte, war hier im westlichen Flügel das Hofmarschall-Amt untergebracht; 1803 kam an dessen Stelle die „Regierung", d. h. die Justizverwaltung; 1815 ward auch die „Landesdirektion" hineinverlegt. In dem auf unserm Bilde nicht mehr sichtbaren andern Flügel war viele Jahre die Geheime Kanzlei, der Bertuch und nach ihm Weyland vorstand, und auch die Zeichen-Akademie untergebracht. Goethes Landsmann Kraus war erster Direktor dieser Akademie, Klauer einer seiner Gehilfen, und Goethe selber trug hier im Winter 1781/82 zweimal wöchentlich die Anatomie des Menschen vor, ganz frisch, wie er sie eben von Prof. Loder in Jena gelernt hatte. Hier übten sich in besonderen Stunden auch Erwachsene, Damen und Herren vom Hofe, und Goethe sprach gern vor, wenn er Frau v. Stein im Zeichensaale wußte.

Im Jahre 1808 wurde dieser östliche Flügel niedergerissen; die Zeichenschule, die nun Heinrich Meyer leitete, siedelte ins Fürstenhaus über. Goethes Vorschlag ging schon seit Jahren dahin, eine Reihe ansehnlicher Wohnhäuser von der Hauptwach-Ecke bis an die Bibliothek zu führen, so daß der Fürstenplatz gegen Norden und der Platz vor dem Schloßhofe gegen Süden abgeschlossen worden wären. Sein Plan drang jedoch nicht durch; es wurde vielmehr freie Bahn vom Schloßhofe bis zum Fürstenhause und dem Parke geschaffen. Während dieser Arbeiten von 1808 wurde unser Bildchen auf S. 38 angefertigt. Dem Roten Schlosse gab man dann einen kleinen dreieckigen Hof zurück; nach Osten zu wurde er durch Holzställe geschlossen, deren Rückwand nach außen aber ganz stattlich aussah. Ein Teil davon fiel dann wieder im Sommer 1910; das ‚Gelbe Schloß', in dem die Finanzräte hausen, wuchs nach dieser Seite hin. An der verbleibenden Wand steht über einem Brunnen in einem zu Lauchhammer ausgeführten Abgusse die antike „Ildefonso-Gruppe", die verschiedentlich gedeutet wird. Ihr erster Platz war am Parkeingange oberhalb der Bibliothek.

Gelbes Schloß, Einfahrt der Wilhelmsburg, Hauptwache Von Bartning Schloßgasse Aufnahme von Schwier

Das ‚Gelbe Schloß‘ (zur Rechten unseres Bildes) war, wie das Rote, zuerst ein fürstlicher Witwensitz; die Gemahlin von Johann Ernst dem Dritten bekam dies Schloß 1704. Eine Freitreppe führte damals zu prächtigen Zimmern und Sälen. Schon 1774 zog die ‚Kammer‘ in einige Räume dieses Gebäudes; ein anderer Teil blieb noch Jahrzehnte hindurch „fürstlichen Dienern“ und ihren Hinterbliebenen als Wohnung zugewiesen. Rätin Kotzebue und ihr Sohn August Kotzebue gehörten zu ihnen. An das Gelbe Schloß grenzte damals ostwärts ein Bürgerhaus. Hier mietete sich Wilhelm v. Wolzogen, Schillers Jugendfreund und Schwager, 1797 ein; nach seinem Tode (1809) blieb seine Witwe, die berühmte Dichterin, hier wohnen, etwa bis 1825.

Vom Residenzschlosse zeigt unser Bild jenen noch heute unversehrten Teil, der schon zur alten Wilhelmsburg gehörte. Die Torfeste ist in ihren einzelnen Gebäuden von 1430 bis 1560 erbaut; der Turm ist 1730 erneuert, aber in seinem Unterbau viel älter.

Gleich bei der Brücke, die über den Burggraben in das Torgebäude führte, stand die Hauptwache. Neben und hinter ihr lag ein Hof und Garten, die zu einem alten Ritterhause gehörten; wir sehen davon auf unserm Bilde gerade noch einen Baum und ein Stück Hofmauer. Wer 1776 durch das geöffnete Hoftor ging, konnte im Hause zu den Zimmern des Legationsrats Goethe emporsteigen. „Er hat sich“, schrieb Wieland an Merck am 25. März 1776, „ein Haus gemietet, das wie eine kleine Burg aussieht, und es macht ihm großen Spaß, daß er mit seinem Philipp ganz allein sich im Notfalle etliche Tage gegen ein ganzes Corps darin wehren könnte.“ Doch zog Goethe erst zu Johanni 1776 hier ein und Ostern 1777 schon wieder aus; er brachte auch in diesen dreiviertel Jahren nur wenige Zeit hier zu, denn er hatte sich ja sehr bald nach dem Mieten dieser ersten Stadtwohnung ein Gartenhaus gekauft.

Nach einem Brande 1835 ward hier viel geändert. Die Wache ward eingerissen und auf jener Stelle größer wieder aufgebaut, wo einst Wolzogens wohnten. Der Garten, der hinter der alten Wache dem Westflügel des Schlosses gegenüber lag, ward eingezogen; er hatte schon Viele geärgert, denn er gehörte zuletzt einem Schornsteinfeger, der seine und seiner Gesellen nicht sehr saubere Wäsche darin zu trocknen und zu sömmern pflegte. An Stelle dieses Gartens und der alten Wache ward nun der ‚Burgplatz‘ mit hübschen Schmuck-Anlagen geschaffen. Das Haus, in dem Goethe gewohnt hatte, bekam nun seinen Ausgang auf diesen Platz hinaus. Auf seinem vormaligen Ausgange und Hofe ward eine Konditorei erbaut. Ihr erster Wirt war Mämpel, zu dessen Kriegserinnerungen Goethe 1826 das Vorwort geschrieben hat. Hinter dem Burgplatze gabelt sich die Schloßgasse; nahe ihrer Mündung in die Kaufstraße steht das alte Haus des Palmenordens (1617). Zu Herders Zeit hatte das Oberkonsistorium darin seinen Sitz; um 1806 wohnten hier der Prinzenerzieher Ridel und seine Frau, eine Schwester von Werthers Lotte. Im Nebenhause unterhalb mietete sich Kotzebue zeitweilig ein.

Das Schloß Hofseite nach Süden Stich von G. Brinckmann Im Text Zeichnung aus dem Mai 1774

Manches Jahr ließ Herzog Karl August vergehen, ehe er das niedergebrannte Schloß seiner Väter wieder aufrichtete. Er und seine Gemahlin waren für ihre Person so anspruchslos, daß ihnen die mittelmäßigen Räume im Fürstenhause genügten; das Geld war knapp, und auch ein ausreichender Baumeister war nicht im Lande. Aber die Kinder wuchsen heran, dem Erben durfte man keine Ruine hinterlassen. Am 9. April 1790 wurde endlich der Wieder-Aufbau des am 6. Mai 1774 zerstörten Schlosses begonnen.

Man baute auf den alten Grundmauern, aber die Wälle und Gräben, welche die vormalige Wilhelmsburg von der Außenwelt absperrten, waren nicht mehr zeitgemäß; sie wurden jetzt eingeebnet. Zwölf Jahre dauerte der Bau. Karl Augusts Teilnahme an den Kriegen gegen die französischen Revolutionstruppen war dem Werke nicht förderlich. Hofbaumeister Steiner allein war der Aufgabe nicht gewachsen; Goethe, Heinrich Meyer und der Herzog selber verstanden viel und doch nicht genug vom Bauen; später half ihnen Wilhelm v. Wolzogen, der Architektur studiert hatte. Aber es mußten doch auswärtige Künstler herangezogen werden: Arends von Hamburg, Thouret von Stuttgart, Gentz von Berlin. Zur inneren Ausschmückung wurden zahlreiche fremde Maler, Bildhauer, Stuckatoren neben den einheimischen beschäftigt.

Endlich am 1. August 1803 ward der Einzug gehalten. Am Sonntag vorher feierte die Gemeinde in den Kirchen der Stadt ein feierliches Dankfest und sang das „Herr Gott, dich loben wir!"; am nächsten Sonntage mußte in allen Gotteshäusern des Landes das Lied gesungen und ein vorgeschriebenes Dankgebet verlesen werden. Am Einzugstage brachten die Bürger ihrem Fürsten Ständchen; dann tranken und tanzten und jubelten sie in allen Schänken. Im neuen Schlosse selbst ging es bei festlichem Mahle fröhlich her; nach dem Essen führte der Herzog seine Gemahlin herum, auch in die Küche; dort kam ihnen ein altes häßliches Scheuerweib entgegen, die in der Freude ihres Herzens den Herzog umhalste und küßte.

Karl August nahm seine Zimmer im zweiten Obergeschoß des Ostflügels, nach Süden hinaus. (Unser Bild zeigt nur sein erstes Fenster.) Unter ihm wohnte Herzogin Luise. Vor ihren Fenstern lag bis an das Reithaus und die Bibliothek der Exerzierplatz; vor kurzem war hier noch ein Küchenteich gewesen, in dessen Mitte auf einer Halbinsel ein vierstöckiges Kohlenmagazin stand, das jedoch wie ein chinesischer Tempel aussah.

Im Spätjahre 1801 führte der Erbprinz eine Gemahlin ins neue Schloß: Maria Paulowna, die Schwester des russischen Kaisers. Die ‚Großfürstin' brachte Pracht und Reichtum mit. Das junge Paar bezog den kurzen Westflügel und die daran grenzenden Räume des Mittelflügels; später ließ die Großfürstin den Westflügel durch einen neuen Bau verlängern, bis zu den Resten der alten Wilhelmsburg hin, die man seit 1803 ‚Bastille' zu nennen liebte. Bauten von 1835 und 40 berührten sich dann mit solchen von 1439. Schließlich enthielt das Residenzschloß 11 Keller, mehr als 20 Treppen, 12 Korridore, etwa 30 Vorplätze, 30 Kammern, 3 Kabinette, 100 Zimmer und 7 große Säle. Karl August wohnte ein Vierteljahrhundert in diesem Schlosse. Als er gestorben war, stieg seine Witwe mit zwei Enkelkindern, dem nachmaligen Großherzog Karl Alexander und der nachmaligen Kaiserin Augusta, zu den Zimmern, die ihr Gatte bewohnt hatte, empor, um Abschied zu nehmen. Dann verließ sie das große Schloß und begab sich zurück ins Fürstenhaus, das ihr in jungen Jahren die Heimat gewesen war. Zwei Jahre lebte sie dort noch.

Ostseite des Schlosses und Schloßbrücken

Nach dem Brande von 1774 Von einem Unbekannten Etwas später von G. M. Kraus Nach der Wiederherstellung Von G. Brinckmann

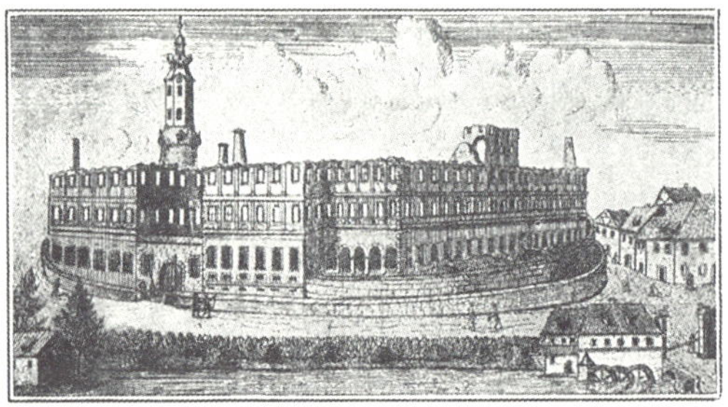

Als die alte Wilhelmsburg noch stand, begann in der Mitte des Ostflügels auf der Hofseite der Auftritt; Herzog Friedrich Wilhelm hatte ihn 1608 anlegen lassen, damit er in seine oberen Gemächer reiten oder fahren konnte. Außen, an der Ostfront, entsprach dem Auftritt ein hohes Portal. Es führte auf eine Zugbrücke, die den Burggraben überspannte; dann gelangte man über den Wall auf die Schloßbrücke, unter der die Ilm fließt, und weiter in die Wilhelmsallee. Diese zum Webicht führenden vier Reihen Linden und die steinerne Schloßbrücke wurden 1651 vom Herzog Wilhelm dem Vierten geschaffen; vorher führte auch über die Ilm nur ein hölzerne Brücke.

In der Wilhelmsburg lag südlich vom Auftritt die zwei Stockwerk hohe Kirche, nördlich die einstöckige „Komödie". Über der Komödie war der „Schöne Saal". In dem hinter (auf unserm Bilde vor) der Kirche angebauten Flügel war das Archiv. Kraus zeigt uns den Zustand, wie ihn Goethe fand, als er nach Weimar kam, d. h. nach Beseitigung des Schuttes und nach einigen Maßregeln zur Erhaltung des Übriggebliebenen.

Das neue Schloß hat keine Gräben und Zugbrücken mehr; die Pferde klimmen nicht mehr in die Obergeschosse, und da dies Schloß nicht mehr wie die vorige Burg eine abgesperrte Welt für sich ist, so sind auch Archiv, Komödie, Kirche und Leichengewölbe nicht mehr darin. In der Mitte des neuen Ostflügels befindet sich jetzt die prächtige Ehrentreppe; nordwärts davon im ersten Obergeschosse sind die Zimmer für die allervornehmsten Gäste: Kaiser Alexander von Rußland eröffnete ihre Reihe, als er im Jahre 1805

FB

seine Schwester besuchte. Reiche Geschenke teilte er aus, die feinsten Höflichkeiten erwies er nach allen Seiten; als er abreiste, wünschte Jedermann, daß er recht bald wiederkomme. Vielen galt der schöne, begabte mächtige Kaiser damals als die Hoffnung — Deutschlands!

Aber ein ganz anderer kaiserlicher Gast erschien alsbald: Napoleon. Am 15. Oktober 1806, gegen Abend, als seine Truppen schon vierundzwanzig Stunden in Weimar geplündert hatten, kam er von Jena her geritten. Man geleitete ihn zur Ehrentreppe. Herzogin Luise, mit ihren Hofdamen und dem Geheimen Rat v. Wolzogen aus ihren Gemächern tretend, ging ihm entgegen und sprach bedauernde Worte über den heißen Tag und die ausgestandenen Strapazen. „Ce sont les suites de la guerre,“ antwortete er kurz. Sie begleitete ihn in die Kaiserzimmer; dort angekommen, verbeugte sich Napoleon vor ihr zum Zeichen, daß er allein sein wolle. Vor dem ersten Fenster der Nordfront, also an der Nordostecke, stand er lange, seine Truppen betrachtend, wie sie noch immer vom Schlachtfelde her über die Kegelbrücke hereinzogen. Am nächsten Vormittage ließ sich die Herzogin bei ihrem unheimlichen Gaste melden. Er sprach eine Stunde lang mit ihr, ohne ihr einen Stuhl anzubieten. „J'écraserai votre mari!“ rief er aus, aber die tapfere Fürstin wußte ihren Mann zu verteidigen und den neuen Herrn Deutschlands allmählich zu besänftigen.

Ein Stück der Kegelbrücke scheint auf dem Bilde S. 48 unter dem linken Bogen der Schloßbrücke hindurch.

Fischerhaus vor der Schloßbrücke Von Kraus — Drei Säulen Von Kraus — Kegelbrücke Von Goethe

Zwei Arme der Ilm überspannte die Schloßbrücke; der östliche hieß der Floßgraben, weil auf ihm das Bau- und Brennholz geleitet wurde, das Weimar aus dem „Walde“ herflößen ließ. Ein Lagerplatz dafür war gleich hinter der Brücke.

Zwischen dem Floßgraben und der eigentlichen Ilm lag südwärts von der Brücke als Insel ein breites Stück Land, der ‚Stern‘ genannt; es setzte sich jenseits, nordwärts der Brücke, bis zur Wiedereinmündung des Floßgrabens als zungenförmige Halbinsel fort. Auf dieser Landzunge, die durch einen Steg mit dem Floßholzplatze verbunden war, hatte (bis 1799) der Hoffischer sein Häuschen, und weil Das hier zwischen Pappeln und Weiden und mitten im Flusse ein besonderes Plätzchen war, hatte die fürstliche Familie im Hause ein Zimmer für sich. Hier kam die Lust zum Fischen und Vogelstellen, oder man blickte auf das in- und ausländische Geflügel, das Karl August hier ansiedelte: Pfauen, amerikanische Gänse, seltene Enten, Schwäne. Oder man genoß die Aussicht auf den Fluß, die Burgmühle, die Kegelbrücke und auf den Hügel an der Jenaer Straße, auf dessen Abhange die „Lermstücke“ oder „Feuerkanonen“ standen. Ein Tal, das sich zwischen der Jenaer Straße und der Wilhelmsallee den Berg hinaufzieht, war besonders schön. Goethe fand, daß es italienisch anmute; es erinnere an die Stätte in Rom, wo die Ruinen des Jupitertempels beim Kapitol stehen. Durch diese Meinung entstand der Vorsatz, hier drei hohe Säulen (aus den Schloßtrümmern) inmitten dieses Tales aufzustellen und mit einem Gesimse zu verbinden; künstliche Antiken waren damals sehr beliebt. Karl August hatte vor, diesen Abhang, den „Rothäuser Garten“ völlig in seinen Park einzubeziehen, so daß Dieser sich von Oberweimar und Belvedere bis Tiefurt erstreckt hätte. 1789 und 90 ließ der Herzog hier gegen 7000 Bäume pflanzen. Im Frühjahre 1800 stellte man ein Denkmal für „Euphrosyne“ (Christiane Becker) auf dem „Rosenhügel“ des Rothäuser Gartens auf: Goethe, Böttiger und Kirms sammelten das Geld, die fürstliche Parkkasse schoß das Fehlende zu; der Bildhauer Döll in Gotha schuf das

Denkmal nach Heinrich Meyers Angaben. Heute steht es vergessen und ungesehen in einem Privatgarten, und die drei Säulen liegen im Grase an der Ilm und im Wasser der Ilm; eine Waschanstalt ist dem schönen Tale vor- und dem Schlosse als Gegenüber gebaut.

Kraus hat uns diese östliche, Goethe die nördliche Nachbarschaft der Fischerinsel gezeichnet. Links auf seinem Bilde ist von der Burgmühle ein Stückchen der Gebäude und das Wehr zu sehen. Die Burgmühle, die uns ein Bildchen auf S. 4 schon von ihrer Straßenseite zeigte und deren Wasserseite wir oben rechts sehen, klapperte bis 1882, wo sie durch ein Feuer zerstört wurde. Mit ihr verschwand das an ihrem Obergeschosse zwischen dem dritten und vierten Fenster angebrachte Wasserstandszeichen vom 29. Mai 1613. Der Burgmühle schräg gegenüber lag der alte Marstall, ein Rest des Deutschritter-Vorwerks. (S. das Bild unten rechts, eine Aufnahme W. Hartans von 1867.)

Hier regierte der Oberstallmeister Josias v. Stein; von hier führte man Goethen zuweilen ein Pferd zu, wenn er seine Gedanken zur Ruhe reiten wollte. Hier oder in nächster Nähe wechselte Napoleon am 15. Dezember 1812 die Pferde, als er nach dem schlimmen russischen Feldzuge in schnellster Fahrt nach Frankreich eilte.

Der Läuterbach

Radierung von Karl Hummel, Aufnahmen von Ludwig Bartning

Als der Floßgraben im Jahre 1799 im übrigen zugeschüttet wurde, blieb doch sein letztes Stückchen, dasjenige bei der Schloßbrücke, bestehen. Denn drei Quellen entspringen in der Nähe und vereinigen sich zum Läuterbach: die Sprudelquelle, Sphinxquelle und Läuterquelle. Ihr klares Wasser eilt über Moos und Kresse hurtig dahin, in die nahe Ilm. Das Bächlein hat nun den östlichen Brückenbogen für sich allein; fleißige Wäscherinnen benutzten es dort noch rasch, ihre Wäsche zu spülen. Oben auf der Brücke sehen wir ein Gittertor: zu Goethes Zeit hatten alle Brücken solche Tore und wurden nachts verschlossen. Zuverlässige Außenwohner bekamen Schlüssel; so trug auch Goethe abends stets ein paar große Brückenschlüssel bei sich; hatte er sie vergessen, so mußte er in der Stadt in einem seiner Notquartiere schlafen.

Mehrere Werke des Bildhauers Martin Klauer wurden hier angebracht: ein Triton mit dem Dreizack unter badenden Faunen, eine Sphinx und in einiger Entfernung ein großer Pan: nur die Sphinx ruht heute noch in ihrer Grotte.

Ein junger Verehrer beobachtete einmal, etwa im Jahre 1795, wie Wieland sich hier erging. Unter der

Schloßbrücke sah er auch Goethe herankommen. „Beide begrüßten sich brüderlich mit der Hand, und Wieland ging mit Goethe in den Stern zurück . . . Wieland hatte bei zartem Körperbau einen etwas schwebenden Gang; Goethe schritt in stammhafter, kraftvoller Mannsgestalt mit festen, gewichtigen Tritten einher. Auf Wielands Gesicht schwebte sinnige Freundlichkeit und feiner Spott in sehr beweglichen Zügen; Goethes Blick und Miene war fest und voll gebietenden Ernstes. Nicht bedeutungslos schien mir's auch, daß Goethe einen großen dreieckigen Hut quer aufgesetzt trug; Wielands Haupt war mit einem weichen runden Hute bedeckt."

Mit jenem jungen Freunde, einem Theologen Lütkemüller, unterhielt sich Wieland bei einem andern Lustgange über die Schönheiten dieses Bezirks. Über die aus dem Felsen sich ergießende Quelle meinte er, daß ihr kristallklares Gewässer, besonders bei'm Sprudel, so lebhaft mit sich selbst

und mit den herabnickenden Kräutern und Blumen spiele, daß man eine mutwillige Najade zu sehen glaube. Die Sphinx aber als Rätsel aufgebendes Wesen erklärte er als eine echte Tochter der Natur und des Nachdenkens. „Für denkende Naturforscher", sprach er, „findet sie sich gar nicht in künstlichen Grotten, sondern überall in der freien Natur, bei allen ihren Erzeugnissen auf Bergen und in Tälern, in Weltmeeren und Quellen, kurz, in Allem, was auf, über und unter der Erde ist. Überall auf Erden und am Himmel gibt sie Rätsel auf. Sie ist der Geist der Natur, auf den Menschengeist mit der Frage gerichtet: Was ist Das?"

„Es würde jedoch sehr schlimm sein", fuhr Wieland fort, „wenn diese ideale Sphinx, als überall fragender Geist der Natur, der alten mythologischen Sphinx gleichgesinnt wäre und Alle, die ihre Fragen nicht zu beantworten wüßten, mit Löwenkrallen zerfleischte."

Goethes Gartenhaus Von Rudolf Ridel Nebenbild: Ausschnitt aus einer Tuschzeichnung von G. M. Kraus.

Als Goethe in den ersten Monaten von 1776 noch schwankte, ob er, der Gast des jungen Herzogs von Weimar, beständig in der kleinen thüringischen Fürstenstadt bleiben, ob er seine Freiheit aufgeben und in den Dienst des Freundes treten solle, da erwachte in ihm das Verlangen nach eigenem Haus und Garten. Im Wochenblättchen wurde gerade ein Grundstück ausgeboten, das seine Phantasie beschäftigen konnte: „der Garten auf dem Horn neben Herrn Hofrat Schmidts und Meister Beschors Garten samt dem darinnen befindlichen Gartenhause und Brunnen". Goethe sah sich den verwilderten Berggarten ein paarmal an; dann tat er ein sehr hohes Gebot: 600 Taler. Am 22. April ward ihm das Eigentum zugeschrieben. Dreierlei Liebe hielt ihn von nun an in Weimar fest: zum Herzog, zur Oberstallmeisterin v. Stein und zu dem ersten Stückchen Erde, das ihm gehörte.

Am 18. Mai zog er ein. Aber noch lange dauerte das Einrichten, Umbauen, Umreuten, Ausschmücken. Zum Erstaunen seiner Freunde blieb er auch im Winter hier wohnen. Am 18. März 1777 begann er den Bau eines Altans vor der Südseite des Hauses; es war ein Holzbau, der keine zwanzig Jahre aushalten konnte, aber ein schöner Platz, mit Freunden zu plaudern oder im Freien zu schlafen. Immer inniger fühlte sich Goethe diesem Garten verbunden. „Schlanker Bäume grüner Flor, Selbstgepflanzter, wuchs empor."

Und er sprach mit seinen Bäumen wie mit Vertrautesten:

Sag' ich's euch, geliebte Bäume,
Die ich ahndevoll gepflanzt,
Als die wundervollsten Träume
Morgenrötlich mich umtanzt?
Ach, ihr wißt es, wie ich liebe!
Die so schön mich wieder liebt! . . .

Und immer wieder legte er Hand an und richtete sein Denken auf Verbesserungen im Hause, im Garten und in der Umgebung, wo jetzt der Herzog den Park erstehen ließ. Sein Landsmann Philipp Seidel regierte neben ihm als halber Freund und halber Diener; noch zwei Diener, Götze und Sutor, und die Köchin Dorothee fanden irgendwo in dem Häuschen Platz. Bis zum Frühjahr 1782 blieb Goethe hier wohnen; endlich gab er zu, daß für ihn, seine Leute, seine Gäste und seine Sammlungen die Räume gar zu eng seien, daß er auch seines Amtes wegen in der Stadt, den Menschen näher, wohnen müsse.

Aber bis an sein Ende behielt er den Garten, obwohl Andere, auch der Herzog, ihn gern gekauft hätten. Oft kehrte er hierher zurück, auf Stunden oder Tage oder Wochen. Manchmal führte er seine Gäste hierher, um sie das dichte Grün der herangewachsenen Bäume und Sträucher oder den Rosenflor am Hause und die friedliche Stille ringsum genießen zu lassen. Das letzte Bild sommerlicher Schönheit, das er im Garten in sich aufnahm, war eine Allee reich blühender Malven. Ein paar Winterbilder folgten noch. Am 20. Februar 1832 ging er ein paar Stunden hier herum, nach seiner Neigung Wetter und Wolken betrachtend. Das war sein letzter Besuch.

Denkmal für Franz von Dessau und Karl Augusts Borkenhäuschen Stiche von G. Brinckmann nach Schaufuß

Im Mai 1778 besuchten Herzog Karl August und Goethe die Höfe zu Dessau und Berlin. Einen herzlichsten Wunsch trug damals der Dichter mit sich: sein junger Freund möchte nicht angesteckt werden von der Parade-Lust und kriegerischen Ehrsucht in des „Alten Fritzen" Umgebung, sondern er möchte den für sein anhaltisches Völkchen und darüber hinaus für Kunst und Wissenschaft liebreich besorgten Fürsten Franz zu Dessau zum Vorbild nehmen. Aber in Karl August steckte beiderlei fürstliche Art: er ward Kriegsmann, ward auch ein Gönner der Gelehrten und Künstler und ein hülfswilliger Freund seiner Landeskinder. Als Schüler des Fürsten von Dessau zeigte er sich am deutlichsten damals, als er den weimarischen Park schuf: die berühmten Anlagen zu Wörlitz erweckten und stärkten zugleich seinen Entschluß, an der Ilm ein Ähnliches hervorzurufen.

Gerade inmitten dieser neuen Anlagen verdiente der Dessauer Freund und Lehrer ein Zeichen des Dankes. Karl August ließ im Oktober 1785 einen ungeheuren Stein aus der Ehringsdorfer Ziegelei in seine Anlagen schaffen; im August 1787 ward eine Tafel eingefügt mit den drei Worten: FRANCISCO DESSAVIAE PRINCIPI. — — —

In den schon von den Vätern ererbten Anlagen, die man den Stern nannte, ward für den 9. Juli 1778, dem Namenstag der jungen Herzogin, ein Fest vorbereitet; aber acht Tage vorher machten Regengüsse und Überschwemmung diese niedere Insel unwirtlich. Da richtete Goethe sein Auge auf den nahen Abhang am anderen Ufer der Ilm; dort war ein nie betretener Platz oberhalb der Floßbrücke, neben der Schießmauer und dem Pulvertürmchen. „Der bisherige Zustand erlaubte, hier etwas ganz Unerwartetes zu veranstalten. Man faßte den Gedanken, die Festlichkeit auf die unmittelbar anstoßende Höhe zu verlegen, dahin, wo hinter jener Mauer eine Gruppe alter Eschen sich erhob. Man ebnete unter denselben, welche glücklicherweise ein Oval bildeten, einen anständigen Platz und baute gleich davor eine sogenannte Einsiedelei, ein Zimmerchen mäßiger Größe, welches man eilig mit Stroh überdeckte und mit Moos bekleidete. Alles Dieses kam in drei Tagen und Nächten zustande, ohne daß man weder bei Hofe noch in der Stadt Etwas davon vermutet hätte."

Am 9. Juli ward Herzogin Luise mit ihren Damen geladen. Als sie den Weg am linken Ufer der Ilm herankamen, schritt ihnen eine Schaar Mönche mit großen Bärten und in weißen Kutten entgegen. Der Pater Orator begrüßte die Damen; das böse Unwetter, so berichtete er, habe auch ihr Kloster ergriffen und fortgerissen, sie seien nun mit der neuen Sintflut über Berg und Tal geschwommen, bis sie hier an dem Felsen hängen geblieben. Und so ging die Mummerei und die Feier ihren Gang. Diese „Einsiedelei" oder dies „Kloster" ward namentlich des jungen Herzogs Lieblingsplatz. Er hatte ganz die körperlichen Bedürfnisse eines Jägers und Soldaten, er glaubte außerdem, wie Viele damals, an Rousseaus Evangelium von der Rückkehr zur Natur, liebte Einfachheit und Einsamkeit, und überdies eignete sich diese Mooshütte als sein Hauptquartier bei den Parkanlagen, die er jetzt in ihrer Nachbarschaft mit Lust betrieb.

Er ließ deshalb das Häuschen außen und innen haltbarer machen, das Dach dichten und mit Borkenrinde umkleiden, einen Ofen hineinsetzen usw. Es blieb zwar immer nur ein einziges Zimmer, aber Das lag gar lieblich im jungen Grün; und einige Nebenräume gab der Pulverturm und ein anderes kleines Gebäude her. Wochenlang hielt sich der Fürst die Tage und Nächte hier auf. Seinem Rufe erreichbar wohnte dann in einer kleinen Hütte an der Ilm, wo eine Fähre hinüberführte, ein Leibhusar. Und gegenüber blinkten Goethes Fenster.

Unter den Bäumen an der Ilm Bleistiftzeichnungen von Friedrich Preller d. J.

In Weimar müßt Ihr Euch mehr Bewegung machen," schrieb Schiller im Dezember 1789 an das geliebte Lengefeldische Schwesterpaar, „aber nur nicht im ‚Stern', denn dort ist es viel zu feucht im Winter." Diese älteste Promenade in Weimar war damals noch eine Insel: am Westrande strömte die Ilm dahin, um die übrige Grenze bog sich der Floßgraben. Im Sommer aber genoß man hier die schönste Kühle, und nirgends strebten die Bäume höher hinauf als in dieser tiefgelegenen, feuchten Waldung.

Nicht weit davon, aber am andern Ufer, halb auf der Höhe steht seit 1799 eine Knüppelbank, die das Volk Schiller-Bank getauft hat, denn diesen Platz soll Schiller besonders geliebt haben. Hier weilt das Auge auf kräftigen Laubbäumen von mancherlei Art, dann auf der glitzernden Fläche einer Ilm-Windung, darüber hinweg erblickt man Goethes Garten und das weiße Haus mit dem hohen, grauen Schindeldache.

Auf halbem Wege zwischen der Schillerbank und der Floßbrücke, die zum ‚Stern' hinüberführte, steht an einem Seitenpfade ein Altar, „dem Schutzgeist dieses Ortes geweiht". Martin Klauer hat ihn nach antiken Vorbildern gefertigt, und in antikischer Gesinnung hat ihn der Herzog im Mai 1787 hier aufstellen lassen. Im hebräischen und nordischen Volksglauben bedeutete die Schlange: Falschheit, Arglist und Zerstörung; dagegen verehrten die Ägypter und Griechen sie als ein Sinnbild des erdumwühlenden Acker- und Gartenbaues, der Heilkraft und auch der Ewigkeit. In einem Tempel der Athene wurden Schlangen mit Honigkuchen gefüttert; ebenso werden auf diesem Steine der abgebildeten Schlange Kuchen vorgelegt.

Der Gedanke, in Waldgärten Altäre aufzustellen, war um 1770 und 80 nichts Ungewöhnliches. Goethe errichtete in seinem Garten im April 1777 einen „Altar des guten Glückes". Zwei Jahre später wollte er im fürstlichen Parke einen Altar zum Dank für die glückliche Heimkehr des Herzogs von der gefährlichen Schweizer Reise aufbauen und beriet sich darüber mit Klauer und Lavater. In Tiefurt wurden gleichfalls Altäre aufgestellt.

Heidnische Naturfrömmigkeit empfindet an jeder Stätte Geisterwesen, die am Geschick der Menschen weben und walten. Auch hier im Gebüsch am Flusse sind geheime Kräfte tätig, uns hilfreich oder widerstrebend. Ehrfurcht gebührt genio hujus loci, dem Geiste, der an diesem Orte uns hold sei!

Als der Stein noch ganz neu im frischen Grün stand, sah ihn Schiller. Auch seine Gedanken bewegten sich jetzt gern in Vorstellungen der Hellenen. „Da ihr noch die schöne Welt regiertet", redete er jetzt die Götter jener Zeiten an: „Da der Dichtung zauberische Hülle / Sich noch lieblich um die Wahrheit wand — / Durch die Schöpfung floß da Lebensfülle, / Und was nie empfinden wird, empfand! / An der Liebe Busen sie zu drücken, / Gab man höhern Adel der Natur: / Alles wies den eingeweihten Blicken, / Alles eines Gottes Spur!"

Tempelherren-Haus Von G. Brinckmann
Blick zur Stadt Von H. Tessenow
Bibliothek und Reithaus

Aufnahmen von L. Bartning

Als der ‚Wälsche Garten‘ in den neuen Park einbezogen wurde, erhielt ein Geräte- und Wirtschaftsschuppen an seinem Südrande erheblich höheren Rang. Schon im März 1782 spricht Goethe von diesem gewesenen Schuppen als der sogenannten gotischen Kirche; er bestellte nämlich den berühmten Geschichtsschreiber Johannes Müller an diesen Treffpunkt. 1787 wurden vier steinerne Ritter, „Tempelherren“, aus Klauers Werkstatt auf die vier Dachecken versetzt; nun sprach man vom „Tempelherrensaal“. Der adelige Klub hielt jetzt in diesem Saale seine Bälle; die herzogliche Familie nahm hier oft den Tee ein und empfing an den Nachmittagen und Abenden Gäste. So kam auch der Name „Tee-Salon“ oder einfach „Salon“ auf. Eine Zeitlang soll Karl August daran gedacht haben, hier die Fürstengruft einzurichten. 1792 ward der Saal nach der Westseite erweitert. 1818 erstand der Turm und der Eingang auf der Morgenseite; unser Bild zeigt sie. Der Neugierige, der gegen Ende des achtzehnten Jahrhunderts durch die Tür der Südseite in den Saal blickte, sah Ölgemälde an den Wänden, lauter Tierstücke, und sehr einfache Möbel: ein paar Tische und ein paar Dutzend Stühle, mit Polstern belegt, die mit einem Geflecht aus schwarzen Pferdehaaren bezogen waren. An der Abendseite war ein Alkoven für die Musik; an der Mitternachtsseite sah man zwei Käfterchen, in denen Küchenmeister und Mundschenk walten konnten. Nur von der Südseite her drang das Licht in den Raum; zum Schutz gegen das Wetter waren auch diese Fenster außen mit Leinwandgardinen, auf denen blinde Scheiben aufgemalt waren, überspannt. Die Fenster an der Nordseite waren nur gemalt.

Blickte man von dieser Nordseite stadtwärts, so sah man außer Wiesen und Gebüsch die „Schnecke“, das Kavalierhaus, in dem die

Familien v. Stein und v. Wedel wohnten, das Dach des Fürstenhauses, die Bibliothek und den Schloßturm. Die Schnecke war ein sonderbares hölzernes, aber ganz vom Grün überwachsenes oder verdecktes Gebäude, in dem zwei aus bloßen Balken angefertigte Wendeltreppen zu zwei luftigen Pavillons führten; dort oben genoß man einer schönen Aussicht. Dies Bauwerk stand von 1650—1808; ihr Platz ist als „Rondell" erhalten. Das Kavalierhaus war in seinem Untergeschoß eine Zeitlang „der neue Salon". Der Traiteur Schwarz bot darin zwischen 1795 und 99 den Besuchern des herrschaftlichen Parks Kaffee und andere Getränke an, und der Herzog vergnügte sich hier am Billard.

Ein schöner Weg führt unterhalb dieses Kavalierhauses und der Bibliothek am Reithause vorbei, das hart an der Ilm liegt. Im Hause selbst und auf einem Platze vor der Nordseite übten sich die Hofangehörigen in der Reitkunst; hier fand auch einmal ein Kampf gegen Wildschweine statt, bei dem Goethe in Gefahr geriet. Hier zeigten zuweilen „englische Springer" die Künste, die wir jetzt im Zirkus sehen. Und auch Theater wurde hier gespielt; wenigstens mußte Madame Starke 1767 und 68 ihre Vorstellungen hier geben, weil die Truppe für den Schloßsaal nicht gut genug war. Zwei später berühmt gewordene Knaben saßen hier zum ersten Male vor einer Bühne: der große Gesundheitslehrer Hufeland und der erfolgreichste Theaterdichter Kotzebue.

Das Römische Haus

Von Robert Bauer

Als Bäume und Sträucher sein Borkenhäuschen gar zu sehr von Luft und Licht abschlossen, wünschte sich Karl August eine Wohnung im höher gelegenen, neueren, von der Stadt entfernteren Teile des Parkes. Im Spätjahr 1791 ließ er an der gewählten Stelle mit den Erdarbeiten beginnen, am 28. März 1792 den Grundstein legen. Aber nun folgten Kriegszeiten, die der Herzog in Frankreich und in den bedrohten Gegenden am Rhein und Main verbrachte. „Den Bau des Gartenhauses übergebe ich Dir ganz," schrieb er aus dem Frankfurter Winterquartier an Goethe. „Da ich wünschte, bei meiner Rückkunft einen Ruheplatz fertig zu finden, so erzeige mir den Gefallen, zu besorgen, daß endlich einmal der Plan des Dinges zustande komme und schnell ausgeführt werde. Tue, als wenn Du für Dich bautest! Unsere Bedürfnisse waren einander immer ähnlich."

Und Goethe baute in seinem Sinne, nämlich als der in Italien zum Römer Gewordene. Der Hofbaukondukteur Schuricht aus Dresden fertigte die Zeichnungen. „Das Haus wird sehr schön," meinte Goethe im Juli 1794, „ich möchte sagen, für ein freistehendes Gebäude, in welchem die Personen selbst nicht immer in der größten Zucht und Reinlichkeit anlangen können, zu schön, um mit Bequemlichkeit drinnen wie zuhause sein zu können." Am 3. September fand das Richtfest statt. Aber die Arbeit daran dauerte noch lange; Goethe war abwechselnd befriedigt und ärgerlich. In einem Vortrage vor seiner Freitagsgesellschaft meinte er 1795: „Das Gartenhaus Durchlaucht des Herzogs kann man das erste Gebäude nennen, das im Ganzen in dem reinern Sinne der Architektur ausgeführt wird"; aber an Heinrich Meyer schrieb er im August 1796: „Das Römische Haus wird mit jedem Tage unrömischer, und die Seite der Luft- und Hühnertreppe immer abscheulicher, je fertiger Alles darum herum wird. Die Gegenseite nach Belvedere zu sieht indessen auf oder ab so ruhig und vernünftig aus, daß man sich wirklich daran erfreuen kann." Erst 1798 waren die inneren Verzierungen und Malereien fertig. Und von nun an hielt sich Karl August oft und gern hier auf.

Das Haus hat unten Keller und Küche; das Obergeschoß besteht aus sechs Räumen. Den Eintretenden empfängt ein Vorzimmer, aus dem man durch zwei Türen in die Räume links oder rechts weiter schreitet. Links ist das Empfangszimmer, dahinter das Arbeitszimmer mit dem Blick ins Ilmtal und auf die Hügel der andern Seite. Rechts, nach Süden zu, sind Treppenhaus, Dienerstübchen und Schlafzimmer, so daß dies letztere an das Arbeitszimmer sich anschließt.

Eine feierliche Stunde verlebte hier Karl August, der jeder prunkvollen Feierlichkeit von Herzen abgeneigt war, am 3. September 1825. Die Nacht vorher hatte er hier verbracht. Während er schlief, umwanden draußen flinke Gärtner die Säulen mit Blumen und Lorbeerzweigen. Als der Großherzog sich dann vom Schlafe erhob, tönte aus dem Gebüsch Musik, ein Männergesang zu seinen Ehren: nun ward ihm bewußt, daß heute der festliche Tag sei, wo fünfzig Jahre seiner Regierungszeit verflossen waren. Er hatte versucht, das Fest zu verhindern, hatte es aber seinem Volke doch gönnen müssen. Der erste Gast trat herein: Goethe. Und der alte Dichter fand nicht Worte, so übermächtig ward die Rührung des Herzens. Karl August ergriff die Hände des Freundes. „Bis zum letzten Hauch beisammen!" sagte er leise.

Karl August tat den letzten Hauch am 14. Juli 1828 zu Graditz bei Torgau. Seine Leiche ward nach Weimar und durch den Park hierher in seine liebste Wohnung gebracht. Am 28. Juli ward sie dann zur Fürstengruft geleitet, wo nach seinem Willen seit kurzem Schillers Gebeine schon ruhten und Goethes Stätte schon bestimmt war.

Unter dem Römischen Hause Stich von G. Brinckmann Nebenbild: Durchgang Von K. Schwier

Als Karl August sein neues Gartenhaus über der Kalten Küche bauen ließ, „so nahe am Abhange eines Precipices“, da urteilten die „Kenner“, es werde das damals doch so nahe „künftige Seculum“ nicht erleben, sondern in kurzem samt seinem Fundament in das Tal hinabrollen. Und noch mehr staunten sie, als hier auch ein Wasserfall geschaffen wurde. Es gab bereits eine Wasserleitung von Possendorf her in den Schwanenteich auf Belvedere; von diesem Teiche bis zu seinem neuen Hause im Park ließ der Herzog nun eine neue Röhrenfahrt legen; in einem Steinbecken stieg das Wasser als kleiner Springbrunnen zutage, das Überlaufende hüpfte den Abhang hinunter.

Unser Nebenbild zeigt uns den östlichen Teil des Untergeschosses als eine offene Halle, durch die ein Spazierweg führt. Die Halle ist mit Bildern ausgeschmückt, deren Entwürfe von Heinrich Meyer herrühren; sie wurden 1798 ausgeführt und 1840 erneuert. In dieser Halle steht das Steinbecken, von dem eben die Rede war.

Weiter unten am Abhange, wo ein zweiter Waldweg den Abstieg schneidet, ward, noch ehe das Haus oben beziehbar war, eine Tafel angebracht. Drei Distichen waren darauf eingemeißelt:

Die ihr Felsen und Bäume bewohnet, o heilsame Nymphen,
Gebet Jeglichem gern, was er im stillen begehrt!
Schaffet dem Traurigen Trost, dem Zweifelhaften Belehrung,
Und dem Liebenden gönnt, daß ihm begegne sein Glück!
Denn euch gaben die Götter, was sie den Menschen versagten:
Jeglichem, der euch vertraut, tröstlich und hilflich zu sein.

„Diese Inschrift soll ein Geistesprodukt des Herrn Geheimen Rat v. Goethe sein und paßt so vortrefflich auf das Lokale des Orts, daß man sie bei jeder Rückkehr an diesen Ort mit immer neuem Vergnügen liest.“ So erzählte in den ‚Annalen der Gärtnerei‘ von 1797 Wilhelm Schuhmann, der sonst den Abschreiber und Diktatschreiber der großen Dichter machte, aber an Sonn- und Feiertagen, wie damals jeder dritte Mann in Weimar, auch eigene Geisteskinder dem Lichte der literarischen Welt zuführte.

Die Steintreppen hinab ging der Herzog nicht nur zu den Spazierwegen, sondern auch zu einer Fähre am Ufer der Ilm, mit der er sich auf die andere Seite des Flusses hinüberzog. Dort stand ein Badehaus. „Es trägt durch sein romantisches Ansehen nicht wenig zur Verschönerung der ganzen Anlage bei,“ meint wieder Schuhmann. „Noch mehr aber vergnügt das Innere dieses Gebäudes. Es zerfällt in drei Apartements ... Alle sind geschmackvoll austapeziert und gemalt und dienen der fürstlichen Familie zu dem Gebrauch, dessen Endzweck schon der Name des Hauses anzeigt.“

Belvederer Straße Von Otto Rasch Im Text: Neues Schießhaus

Herzog Ernst August erbaute 1730 das Schlößchen Belvedere und 1732 auf halbem Wege dahin das Fort Falkenburg. 1733 gab er an der neuen Belvederer Straße den Bürgern, genauer: ihrer Büchsenschützen-Gesellschaft, hinter dem Wälschen Garten einen Platz zu ihrer Belustigung. Ein damals von den Schützen erbautes Haus, von der Straße etwas zurückliegend, ist noch heute als Gärtnerwohnung der Hofgärtnerei erhalten (und auf unserm Bilde rechts sichtbar). Auch die Schießmauer steht noch (im Parke, dem Tempelherren-Hause östlich gegenüber); freilich hält sie der heutige Betrachter eher für eine übrig gebliebene Wand eines alten Schlosses, denn man hat um 1791 in diese Mauer alte Fenster und Türgewände aus den Trümmern des Schlosses eingesetzt, eine Wendeltreppe angebaut u. dgl. mehr.

Vor jenem Schießhause, in gleicher Linie mit den übrigen Gebäuden der (jetzigen Marien-) Straße, ward 1798 ein hübsches Wohnhaus für den Hofgärtner gebaut, in gleicher Gestalt wie gegenüber auf der westlichen Straßenseite ein Haus, das dem Einnehmer der Floßgelder zugewiesen wurde. Diese beiden Häuser erschienen nun wie ein neues Eingangstor der erweiterten Stadt, nur daß kein Schlagbaum mehr den Weg versperrte.

„Das ältere Schießhaus," erzählt Goethe in seinen Annalen über 1803 weiter, „war schon längst von den Parkanlagen überflügelt, der Raum, den es einnahm, bereits zwischen Gärten eingeschlossen und Spaziergängern die Übungen nach der Scheibe, besonders aber das eigentliche Vogelschießen, nach und nach unbequem und gefährlich. Zum Tausch nahm der Stadtrat mit mehrfachem Gewinn einen großen, schön gelegenen Bezirk vor dem Kegeltore." Hier ward nun das neue Schießhaus (s. das Textbild) erbaut, auf dessen Gestalt Goethe großen Einfluß hatte. Sogar das Grundgraben und Aufbauen beaufsichtigte er manchmal mit Rat Schultz, dem Bürgermeister. 1805 fand hier das erste Vogelschießen statt.

Der alte Schießgarten war nun also dem Hofgärtner unterstellt; ein Teil diente der Pflanzen-Anzucht, der größere Teil erweiterte den Park. Das Obergeschoß des Wohnhauses ist später (von 1869 an) als Liszts Wohnung berühmt geworden und dient jetzt als Liszt-Museum. Die Floßgelder-Einnahme ward später zur Wohnung und Werkstatt des Malers und Restaurators Lieber; jetzt ist das Haus ganz in die Kunstschule einbezogen, die Großherzog Karl Alexander 1860 in einem Gebäude nebenan begründet hat.

Erst um 1820 und 30 entstanden die meisten Wohnhäuser dieser Straße; z. B. setzten sich der Kapellmeister Hummel und der Geh. Legationsrat v. Conta hier fest. Alt aber sind auf der Ostseite das Große und Kleine Jägerhaus; von ersterem wird sogleich die Rede sein.

Das Jägerhaus Von Friedrich Neumann-Hegenberg

Vom Juli 1782 bis zum November 1789 wohnte Goethe am Frauenplane; dann überließ ihm der Herzog in dem bisher nur den Forstleuten zugewiesenen Großen Jägerhause zwei Quartiere im Nordbau, das Werthersche und das Staffsche. Nun hatte Goethe die schönsten Räume reichlich; sogar eine Dunkelkammer für seine optischen Versuche konnte er sich einrichten. Das Haus lag ganz nahe bei der Stadt (Wieland war zweitnächster Nachbar), und doch vor dem äußeren der beiden Frauentore, ganz im Freien. „Meine Wohnung danke ich Ihnen täglich," schrieb Goethe dem Herzog am 1. Juli 1790; „sie wird immer lustiger und anmutiger." Und als er dem gleichen Freunde am 24. März des nächsten Frühlings ein Scherzgedicht sandte, schloß er mit einem neuen Ausdruck des Behagens: „Indeß macht draußen vor dem Tor / Wo allerliebste Kätzchen blühn / Durch alle zwölf Kategorien / Mir Amor seine Späße vor." Goethe hatte nämlich in diese Wohnung seine Christiane mit hinein genommen; hier wurden die „Römischen" Elegien wie erlebt so auch gedichtet.

Forschend drang er hier in die Licht- und Farbenlehre ein; neue Entdeckungen erweckten große Hoffnungen. Tätig wirkte er jetzt für das Theater des Herzogs, dessen Oberdirektion ihm übertragen war. Es war nach der Heimkehr aus Italien die erste glückliche Zeit. „Ein ruhiges, innerhalb des Hauses und der Stadt zugebrachtes Jahr", so beginnt sein Bericht über 1791.

Im Sommer 1792 wünschte der Herzog die englische Familie Gore in Weimar seßhaft zu machen und er wußte keine andere Wohnung für sie als die Goethesche. Den Freund konnte er schadlos halten: er kaufte ihm das Haus am Frauenplane. Am 8. August 1792 trat Goethe vom Jägerhause die Fahrt zur „Kampagne in Frankreich" an; als er zurückkehrte, wohnten Gores in seinen Zimmern. Es waren Vater und zwei Töchter, vornehme Menschen, die feinste Kultur ausbreiteten. 1802 starb Elisa, 1807 der Vater; Emilie siedelte 1812 ins Fürstenhaus über. Der französische Gesandte Etienne de St. Aignan bezog nun die Wohnung. Ehe er kam, ward er als Spion Napoleons gefürchtet; als man ihn kannte, liebte man den milden, gütigen, kränklichen Mann. Aber am Abend des 18. Oktober 1813 drangen rauhe Gäste bei ihm ein: Kosaken. Nach kurzer Gegenwehr ergab er sich.

Auch ein Stück Kirchengeschichte erzählt dies Haus. Aus seinen Fenstern blickte Herzog Ernst August eines Tages im Juli 1732, als die um ihres Glaubens willen vertriebenen evangelischen Salzburger hier vorbeizogen, unter Glockengeläut in der Stadt empfangen, dann gespeist und beherbergt. Vier Jahre später räumte der Herzog den unteren Saal für katholische Gottesdienste ein. Er zerbrach damit den Grundsatz, daß in einem Staate und Volke nur eine Religion gelehrt und öffentlich ausgeübt werden dürfe; er tat es, weil die Katholiken in seiner Kavallerie ihren Urlaub zum Gottesdienst in Erfurt gern zum Ausreißen benutzten. Seine Nachfolger kehrten noch einmal zu dem beschworenen Grundsatze der Einheitsreligion zurück, aber 1774 räumte Herzogin Amalie den Katholiken ihre Kapelle wieder ein. 1817 ward dann der Saal zu einer katholischen „Kirche" erweitert und ein Pfarrer eingesetzt.

Und nun zur bildenden Kunst! Die Zeichenschule hatte ihre Räume zuerst im Roten Schlosse, dann im Fürstenhause; von dort wurde sie 1816 ins Jägerhaus verlegt. Auch eine Gemälde-Galerie befand sich von 1822—36 hier. Und ferner bekamen eine Anzahl Künstler und Künstlerinnen hier Wohnungen und Malsäle. Luise Seidler, Angelika Facius, Ferdinand Jagemann, Adolf Kaiser, Bonaventura Genelli und Friedrich Preller, der die Mansarde des Südbaues 30 Jahre lang bewohnte.

F. NEUMANN-HEGENBERG

Am Frauenplan

Von O. Rasch u. H. Tessenow

Als Goethe zugeben mußte, daß sein Gartenhäuschen für seine Sammlungen zu klein und für die Amtspflichten eines Geheimen Rates zu abgelegen und unscheinbar geworden war, mietete er im Hause des Konsistorialrats Helmershausen am Frauenplane das Quartier, das bisher der Landkammerrat v. Hendrich bewohnt hatte; der Mietzins war 36 Taler im Jahr. Am 1. Juni 1782 schlief er zum ersten Male hier. Seinen Philipp Seidel nahm er sich als Hausverwalter auch hierher mit und einen Haussohn bekam er bald in dem kleinen Fritz v. Stein, dessen Erziehung er der Freundin abnahm.

Bis zum November 1789 behielt Goethe diese Wohnung, also auch während seiner italienischen Reise. Dann siedelte er ins Jägerhaus über. Aber im Sommer 1792 kaufte der Herzog für 6000 meißnische Gulden (etwa 16200 M.) das Helmershausensche Grundstück und schenkte es Goethen. Das Haus ward nun, während Goethe den Strapazen des unseligen Feldzugs gegen die französischen Revolutionstruppen ausgesetzt war, unter der Aufsicht seines Freundes Heinrich Meyer umgebaut. In der Nacht vom 16. zum 17. Dezember 1792 pochte der Heimgekehrte an die Pforte dieses seines Eigentums; die Seinen: Christiane, Augustchen, Meyer, kamen jubelnd aus den Betten.

Hier war nun Goethes Wohnung bis zum 22. März 1832 oder bis zum 26. März, an welchem Tage sein Sarg herausgetragen wurde.

„Hierher soll man junge Leute führen," urteilte Karl Immermann 1837, „damit sie den Eindruck eines soliden, redlich verwandten Daseins gewinnen. Hier soll man sie drei Gelübde ablegen lassen, das des Fleißes, der Wahrhaftigkeit, der Konsequenz." —

Im Sommer 1822 lieh sich Goethe unterwegs in Eger von seinem dortigen Freunde, Rat Grüner, eines Morgens Schillers ‚Dreißigjährigen Krieg'. Als Grüner am Abend zu ihm kam, standen dem alten Dichter die Tränen in den

s zum weißen Schwan
H

Augen. „Exzellenz, was ist Ihnen geschehen?" „Nichts, Freundchen! Ich bedaure nur, daß ich mit einem solchen Manne, der so etwas schreiben konnte, einige Zeit im Mißverständnis leben konnte. Schiller wohnte drei Häuser von mir, und wir besuchten uns nicht, weil ich, von Italien zurückkommend, vorwärts gedrungen war und die durch Schiller veranlaßten Räubergeschichten nicht ertragen konnte."

Erst kürzlich ist uns (durch Eduard Scheidemantel) nachgewiesen, daß Schiller wirklich drei Häuser von Goethe wohnte. Ende 1787 mietete er sich beim Kaufmann Keil neben dem Gasthof zum weißen Schwan ein; er hatte im ersten Obergeschoß ein größeres Zimmer und zwei kleinere, außerdem noch eine Bedientenstube. Hier schrieb er am ‚Geisterseher' und an der ‚Geschichte des Abfalls der Niederlande'; hier dichtete er ‚Die Götter Griechenlands' und ‚Die Künstler'. Er arbeitete „mit unsäglicher Anstrengung". „Als Schiller sich noch in Weimar befand," erzählte Goethe 1794, „verschloß er sich oft acht Tage lang und ließ sich von keiner Seele sprechen. Abends um Acht stand noch sein Mittagessen vor seinem Studierpult." Aber soviel kam Schiller doch in Gesellschaft, daß er die junge Fräulein Lengefeld manchmal sehen konnte. „Eben zieht mich ein Schlitten ans Fenster," schrieb er ihr im Februar oder März 1788, und wie ich hinaussehe, sind Sie's." Und zuweilen folgte er ihr in den Park, wenn er sie hatte über den Plan gehen sehen. Und dann verabredeten sie, daß sie auch in den folgenden Monaten zusammen spazieren könnten, wenn er sich in Rudolstadt oder in der Nähe eine Sommerwohnung nähme.

Im ‚Schwan' ließ Goethe zuweilen seine Gäste wohnen, wenn er im eigenen Hause keinen übrigen Raum mehr hatte. Zelter war hier öfters ein vergnügter Gast. Auch zwei Theatergrößen der Zeit, Zacharias Werner und Ernst Raupach, waren hier einheimisch.

Reichte unser Bild links etwas weiter, so hätten wir das v. Oppelsche, nachmals v. Helldorffsche Haus vor uns, in dem sich jetzt die Huschkesche Buchhandlung befindet. In diesem Hause wohnten in den Tagen vor dem 14. Oktober 1806 der König Friedrich Wilhelm der Dritte und die Königin Luise von Preußen. Vom Plane her jubelten die schönen Truppen ihrem Könige zu, ehe sie in die Schlacht zogen. Hinter dem Hause erstreckte sich ein großer Garten: die Königin erging sich darin und ruhte in dem Pavillon aus (der von der Seifengasse und der Parkstraße her jetzt noch sichtbar ist).

Sie dachte nicht daran, den Dichter Goethe die wenigen Schritte zu sich rufen zu lassen, obwohl sie seine Mutter kannte und liebte. Wenige Wochen nachher, als sie von den Franzosen bis an die Enden ihres Landes getrieben war, ertönte plötzlich im Herzen der unglücklichen Königin die Goethesche Melodie „Wer nie sein Brot mit Tränen aß", und nun fühlte sie erst, daß jener Nachbar von Weimar ihr etwas zu sagen hatte.

Deinhardtsgasse

Von O. Engelhardt

Ganz nahe bei Goethes Hause windet sich die Teinertsgasse (Das ist ihr alter Name) vom inneren Frauentore zur Schützengasse, wo die Armbrustschützen seit 1766 ihren Garten und ihre Trinkstuben haben. Die Gasse paßt so recht für „kleine Leute", aber hier wohnte lange Jahre eine Dame, die zu den Reichsten, oder genauer: zu den wenigen Reichen der Stadt gehörte: Gräfin Charitas Emilie v. Bernstorff, Witwe des berühmten dänischen Ministers, den man zur Unterscheidung von seinem Neffen den älteren Bernstorff nennt. Im Januar 1779 zog sie hier ein. Das Besitztum, das sie dem Herrn v. Kauffberg, Präsidenten der Kriegskommission, für 3800 Taler abgekauft hatte, war ein dreiflügliges Wohngebäude und ein großer Garten, der sich am Schützengraben, gegenüber der Esplanade erstreckte. Gräfin Bernstorff führte hier nun den vornehmsten Haushalt nach den fürstlichen Herrschaften; ihr zur Seite stand als ihr Geschäftsführer und nächster Freund der große, breite, dicke Christoph Bode, ein um die Kultur seiner Landsleute hochverdienter Mann. Vom Soldaten-Musiker hatte er sich zum Sprachlehrer, Zeitungsschreiber und Schauspieldichter emporgearbeitet; dann war er Buchhändler und Verleger gewesen, und manche wichtigste Werke jener Jahre waren „In Hamburg, bey Bode" erschienen. Sein Freund Lessing war eine Zeitiang sein Teilhaber; auch den angesehensten aller Schriftsteller, Klopstock, nannte er seinen Freund. Bodes eigenstes Werk aber waren seine Übersetzungen des Montaigne, Fielding, Goldsmith, Smollet

Deinhardtsgasse Seifengasse Windische Gasse

Forts. von S. 75:

und Sterne, die auf ihre deutschen Leser, z. B. auf den jungen Goethe, große Wirkung taten. Hier in Weimar war er namentlich als Freimaurer tätig, nach allen Teilen des Reiches hin und selbst über Deutschland hinaus.

Nach dem Tode der Gräfin kam ihr Besitztum durch Erbschaft an Amelie v. Stein, die Gattin des Freiherrn Karl v. Stein auf Kochberg, des ältesten Sohnes der Frau Charlotte v. Stein. Nun wohnte diese Familie den Winter über hier, zeitweilig auch im Sommer; zu ihren Mietern gehörten zwei große Sättiger der damaligen Leihbibliotheksleser: Frau Charlotte v. Ahlefeld und Christian August Vulpius. Der Schwager Goethes zog 1826 wieder aus, weil ihm der Weinkeller nicht genügte.

Wir sehen auf unserm Bilde rechts an diesem Herrenhause entlang. Gegenüber in dem Bürgerhause, an dessen Gartenseite ein Fenster erleuchtet ist, wohnte Johann Peter Eckermann zu jener Zeit, wo er Goethes Gespräche erlebte und manche davon, sobald er wieder in der eigenen Stube war, aufschrieb: hinter dem hellen Fenster brennt seine Lampe.

Eckermann lebte ziemlich träge dahin, war zu keinem Amte recht tauglich, ernährte zwar 40 Vögel in seiner Stube, aber zu einem eigenen Hausstande reichte es nicht: dreizehn Jahre wartete seine Hannöversche Braut, ehe er sie nach Weimar abholte. Zu Eckermanns Beschäftigungen und kleinen Einnahmen gehörte das Unterrichten junger Engländer im Institut des Professor Melos. Unser Bildchen zeigt dies Persions-Haus; es liegt in der Mitte der Seifengasse. Früher war es Sitz der Kriegskommission gewesen, der Goethe vorstand. Eine Tochter von Melos, Ida, ward hier die Braut des Dichters Freiligrath.

In der Windischen Gasse, in dem Hause, worin sich jetzt die Zuckschwerdtsche Buchhandlung befindet (es ist auf dem nächsten Bilde das große Haus rechts), wohnte Schiller, als er ‚Maria Stuart' und die ‚Jungfrau von Orleans' und von seinen Gedichten ein Dutzend der schönsten niederschrieb: Die vier Weltalter, Sehnsucht, Das Siegesfest, Kassandra, Hero und Leander, Die Worte des Wahns, Der Antritt des neuen Jahrhunderts usw. Er zog am 3. Dezember 1799 hier ein, von Jena nach Weimar zurückkehrend, um dem Theater und seinem Bundesgenossen Goethe näher zu sein; bis zum 29. April 1802 war hier seine und seiner kleinen Familie Stätte.

Das Haus, einem Perückenmacher Müller gehörig, hatte schon damals Erdgeschoß, zwei Stockwerke und Mansarde, auch Hintergebäude an einem altertümlichen Hofe. Nur das Erdgeschoß ist seitdem wesentlich verändert: die Einfahrt ist zum Laden geworden; statt ihrer ist rechts ein neuer Eingang geschaffen; demzufolge ist die untere Treppe neu, die obere, deren Ersteigen dem kranken Dichter schwer fiel, ist noch erhalten. Schiller wohnte zwei Treppen hoch; vor ihm hatte die einst geliebte Charlotte v. Kalb die Wohnung gehabt. Unter ihm wohnte mit seiner sehnsüchtigen Sophie der Geheimrat Karl v. Schardt, ein Bruder der Frau v. Stein.

Windische Gasse

Von L. Bartning

Forts. v. S. 76:

Anfangs fand Schiller seine Wohnung „sehr geräumig und hübsch“; bald merkte er, daß sie für sein Arbeitsbedürfnis zu „tumultuarisch“ war. Er hatte seine drei kleinen Kinder im selben Stockwerk; unter ihm musizierte Schardt auf seinem Basset gar traurig, und auf der Straße, so nahe am Markte, war viel „Kommers“. Schiller flüchtete deshalb oft in stillere Räume: nach Ettersburg, Oberweimar, Dresden und Jena.

Das erste Haus links auf unserm Bilde war das „Vorderhaus“ zu jenem Hause an der Esplanade, wo Johanna Schopenhauer, Arthurs Mutter, kurz vor der Schlacht bei Jena, von Hamburg kommend, einzog. Die beiden Mädchen, die vor unserm Vorderhause stehen, sind Töchter des Bergrats Kirsten; der „Chapeau“, der sich nach ihnen umwendet, ist ein junger Goullon oder Horny, der den Freundinnen bei einem neuen Streiche helfen soll oder möchte. Über welche Streiche in Helene Böhlaus ‚Ratsmädel-Geschichten‘ alles Nähere zu lesen steht.

Das letzte Haus, das wir auf der gleichen Seite mit Schillers Wohnung sehen, besaß und bewohnte lange Jahre der Kanzler Friedrich v. Müller, der Freund Goethes und vieler anderer Berühmtheiten; 1806 war er gegen den auf Weimar ergrimmten Napoleon ein tapferer, geschickter, unermüdlicher Unterhändler. Dem Kanzler gegenüber, im heutigen ‚Goldenen Anker‘, wohnten, als seine Augenweide, oben die Gräfinnen Julie und Lina v. Egloffstein; unten waltete der Kaufmann Schmidt, Vater des Theaterdirektors Heinrich Schmidt, der von Goethe den ersten Bühnenunterricht erhielt. Das „Hinterhaus“, das auch er an der Esplanade besaß, verkaufte er im Juni 1801 an den Engländer Mellish of Blyth; von Diesem kaufte es sehr bald darnach Schiller. 4200 Taler war der Preis, es war ja auch eins der schönsten Häuser in Weimar.

Schillers Haus an der Esplanade Von F. Neumann-Hegenberg

Am demselben 29. April 1802, wo im Pfarrhause zu Kleversulzbach seine Mutter starb, zog Schiller in Weimar ins eigene Haus. Er selbst nahm die Mansarde für sich; ihre Zimmer sind geräumiger, als man von außen vermutet, nur das Schlafzimmer war eng und dunkel; im ersten Obergeschoß wohnten Frau und Kinder; im Erdgeschosse wirtschafteten die Dienstboten. „Wie in einer Laube" fühlten sich die Bewohner hier im Grünen, der Mittagssonne gegenüber; die Esplanade war ihr Garten. Hier schuf der Dichter seine letzten Werke, den ‚Tell', die ‚Braut von Messina', die ‚Huldigung der Künste' und den ‚Demetrius'. Am 9. Mai 1805 starb er hier in seiner Mansarde.

Seine Witwe blieb im Hause wohnen, aber Frau v. Schiller verlor allmählich die Freude an ihrer weimarischen Umgebung. Es entstanden immer mehr Häuser an der vormaligen Promenade, die Linden wurden gefällt oder verstümmelt, die Nachtigallen verzogen sich. Schon 1812 hatte sie Lust, nach Jena zu ziehen; als dann ihre Söhne keine Ämter im weimarischen Dienste erhielten, siedelte sie 1824 nach Bonn über.

Ein Gartenbau-Inspektor Weise und ein Kaufmann Woche waren die folgenden Besitzer. Sämtliche Räume wurden benutzt. Als 1827 der König von Bayern die Erinnerungen an Schiller sehen und seine Zimmer besuchen wollte, konnte man ihn nur zu Weises Mieter, dem Landesdirektionsrat Ridel, führen. Man schämte sich, aber es blieb beim Alten. Später wohnten kleine Leute namens Keil in Schillers Mansarde. 1847 kaufte der Stadtrat das Haus von Woches Erben für 5025 Taler.

Im nächsten Hause ostwärts, nach dem Frauentore zu, wohnte von 1816—32 Schillers und Goethes Freund Heinrich Meyer; die oberste Klasse der Zeichenschule übte sich in seinem Saale. Sein Nachfolger Schorn wohnte gleichfalls hier. Mit diesem Hause vereinigt war ein kleineres, noch näher dem Frauentor gelegenes: das schon erwähnte, in dem Johanna Schopenhauer die Plünderung nach der Schlacht bei Jena erlebte und in dem sie dann alsbald ihre Tee-Abende begann. Diese beiden erinnerungsreichen Häuser haben 1896 einem großen „Gewerbe-Hause" weichen müssen. Schon 1838 war zwischen ihnen und dem Schillerhause von der Esplanade zur Windischen Gasse die „Neugasse" durchgebrochen und also auch die Mauer abgerissen, die vorher die Häuser verband. Unser Textbild zeigt den Zustand der Straße um 1850: alle Bäume sind beseitigt; im Schillerhause ist neben der Tür das Schaufenster des Kunsthändlers Eduard Lobe.

Das große Gebäude auf der anderen Seite des Schillerhauses, nach dem Wittumpalais zu, gehörte dem Hofrat Völkel. Bei ihm wohnte lange Jahre Frau v. Pogwisch: ihre und Goethes Enkel hatten hier ein zweites Heim. Zwanzig Schritte weiter erreicht man heute das Café Oberdörster. Wir nannten es schon als Hauptmanns Redoutenhaus. In seinem Saale schlug in den Jahren 1775—82 Mieding manches Mal für 3 Taler 12 Groschen die Bühne auf; Goethe, Korona Schröter, Malchen und August Kotzebue waren unter den Darstellern.

Theater 1780—1825

Das erste weimarische Hoftheater war ein Saal im Ostflügel der Wilhelmsburg. In den Jahren nach 1696, dann 1757 und 58, und wiederum 1768—74 wurden hier vortreffliche Vorstellungen geboten, wie sie sonst in Deutschland selten waren, und bei völlig freiem Eintritt! Der Schloßbrand machte einem lebhaften Theatertreiben ein plötzliches Ende.

Die Liebhaber-Schauspieler in Karl Augusts ersten Jahren behalfen sich dann mit Sälen in den kleineren Schlössern und mit den Sälen bei Hauptmann (Oberdörster) und Geibel (Werthers Garten).

Im Sommer 1779 ließen Herzog Karl August und seine Mutter dem Palais der letzteren gegenüber ein herrschaftliches Komödien- und Redoutenhaus erbauen; eine Woche bevor der Herzog mit Goethe und Wedel von der Schweizer Reise zurückkehrte, fand darin die erste Redoute statt: am 7. Januar 1780. Neujahr 1784 zog die Schauspielergesellschaft des Joseph Bellomo hier ein; bis 1791 unterhielt sie hier den hohen Adel und das geehrte Publikum. Am 7. Mai 1791 begann unter Goethes Oberdirektion eine im Hofdienste stehende Schauspielergesellschaft hier ihre Tätigkeit. Vier Plätze gab es im Hause: erstes und zweites Parterre, Galerie-Loge und Galerie; sie kosteten 12, 8, 4 und 2 Groschen.

Im Sommer 1798 ward dies Theaterlokal im Innern umgebaut. Am 12. Oktober wurde der neue Innenraum mit der Uraufführung von ‚Wallensteins Lager' eröffnet. Nun wirkten hier Goethe und Schiller bis zu Schillers Tode zusammen; darnach Goethe allein bis zum 13. April 1817, wo er die Leitung niederlegte.

In der Nacht vom 21. zum 22. März 1825 brannte das Theater-

Theater 1825—1907 Unten: Südwestecke

gebäude nieder. Man spielte im ‚Stadthause' weiter. Ein prächtiges Hoftheater nach Goethes und Coudrays Plänen sollte sogleich gebaut werden, der Grundstein wurde schon Mitte April gelegt. Aber in den letzten Tagen des Monats siegte eine andere Partei, die einen billigeren Bau, eine Art Volkstheater vorgeschlagen hatte: Baurat Steiner, Frau v. Heygendorf und ihr Freund Stromeyer, der zweite Nachfolger Goethes in der Direktion. Schon am 3. September konnte dieser rasche, leichte Bau eröffnet werden: die Oper ‚Semiramis' von Rossini war das auserwählte Stück. Goethe war nicht anwesend, hat auch den neuen Bau nur selten, etwa zehnmal, besucht.

„Man pfercht das Brennlichste zusammen,
Da steht's denn alsobald in Flammen,"

hatte er sich getröstet, als der billige Bau beschlossen wurde: ein neues Theater sei doch nur ein neuer Scheiterhaufen. Aber gerade dies Theater brannte nicht ab. Im Spätsommer 1868 wurde es im Innern noch einmal völlig erneuert. Am 16. Februar 1907 war die letzte Vorstellung darin; am 11. Januar 1908 wurde das gegenwärtige, sehr viel größere Hoftheater eröffnet; seine Front liegt weiter zurück, der Platz davor ist also größer geworden.

Links vom Theater zeigen unsere Bilder das Haus, in dem Graf Reuß und Frau Schopenhauer lange Zeit wohnten; dahinter ist der schöne große Garten angedeutet, der bis auf einen kläglichen Rest den Maurern überliefert wurde, ebenso wie der Wielandische Garten, dessen Ecke wir rechts auf den Bildern sehen.

Wielands Wohnungen

Wieland gehörte von 1772 bis 1813 zu Weimar. Er hatte während dieser vierzig Jahre in der Stadt selbst sechs Wohnungen, nach heutiger Benennung: Luthergasse 1, Marienstraße 1, Wielandsplatz 1, Markt 18, Rittergasse 19, Wielandstraße 1.

Unser oberes Bild zeigt sein eigenes Haus Markt 18, nämlich das von ihm bewohnte Hinterhaus nach der jetzigen Parkstraße. Im April 1797 verkaufte es dies Eigentum (an den Minister Voigt) und verließ die Stadt. Er hatte sich in den Gedanken verliebt, den Schluß seines Lebens wie Xenophon und Horaz in ländlicher Stille zuzubringen; mit überraschender Kühnheit kaufte er jetzt das Schloß zu Osmannstädt, dazu einen großen Garten, sieben Hufen Artland und 84 Acker Holz. Er hoffte, daß sich einer seiner Söhne hier als Landwirt bewähre. Mit der Zeit aber fühlte er die Entbehrungen des Landlebens stärker als die Freuden (das Verdrießlichste war, daß er sich von einem Maurer rasieren lassen mußte), und als ihm seine brave Hausfrau starb, verkaufte er sein Gut wieder (1803) und mietete sich in Weimar in der Rittergasse ein. Das untere Bild gibt seine letzte Wohnung wieder. Im Neujahr 1806 zog er aus der Rittergasse hierher, als Mieter zum Stadtsyndikus Stötzer. Die Wohnung war dem alten Herrn eigentlich nicht bequem und nicht geräumig genug, aber daß sie so ganz zwischen Gärten lag, gefiel ihm, und von seiner alten Freundin, der Herzogin Amalie, war er „kaum drittehalb hundert Schritte und vom Komödienhause nur 50 bis 60 entfernt". Im Komödienhause aber hatte Vater Wieland seinen Platz in der fürstlichen Loge selbst: Manchem, der zur Herrschaft hinaufblickte, fiel der verknitterte Gelehrtenkopf mit dem schwarzen Mützchen auf. Am 6. Oktober 1808 war Napoleon im Theater, und seine Schauspieler trugen ‚La Mort de César' von Voltaire vor. Da sah auch der Herr der Welt den zierlichen Greis in der Fürstenloge; nachher fragte er im Schlosse nach Wieland, und da er ein paarmal fragte, holte man den Dichter, der just noch auf war, ins Schloß. Und nun philosophierten die Beiden miteinander, bis Wieland den Kaiser um Entlassung bat: seine alten Beine vertrügen das lange Stehen nicht mehr.

Am 20. Januar 1813 entschlief er Das Stötzersche Haus gehörte später einem Sohne Wielands. Jetzt ist es ver- und eingebaut.

Zeichnung von Rasch und alter Stich

Carlsplatz zu Weimar.

Im Jahre 1797 brannten die Scheunen am Ratsteiche und Schweinemarkte vor dem inneren Erfurter Tore ab: eine günstige Gelegenheit zur Verschönerung und Erweiterung der Stadt! Die neuen Scheunen mußten sich auf die ‚Ochsenwiese‘ zurückziehen, aus dem Ratsteiche und dem Schweinemarkte ward eine Promenade bereitet; man taufte sie ‚Karlsplatz‘, dem Landesherrn zu Ehren. Goethe nahm, wie Karl August selber, an diesen Plänen und Anlagen lebhaften Anteil; er legte seine Vorschläge in ausführlichen Denkschriften dar. Der Schmuckplatz ward durch eine Akazien-Allee von der Fahrstraße abgesondert; jenseits der Straße, an Stelle der Scheunen, entstanden feine Wohn- und Geschäftshäuser. Unser Bildchen, das etwa 1830 gestochen worden ist, zeigt diese neuen Gebäude. Das erste Haus kehrt seinen Giebel der Schwanseestraße zu; es gehörte der Hauptmännin Vent (heute steht auf diesem Grundstücke das Kaiserliche Postamt). Das zweite Wohnhaus gehörte den Herren v. Beulwitz und v. Seebach. Darauf folgten Kommerzienrat Hagenbruch und Hofpostmeister Kahlert, der weimarische Vorsteher der Thurn- und Taxisschen Reichspost; hier wurden Goethes Altersbriefe expediert. Im folgenden Hause wohnte Wundarzt Kladzig mit seiner Tochter Auguste, einer Schauspielerin, deren anmutiges Bild dem Johann Peter Eckermann oftmals statt seiner lange Jahre harrenden Johanna Bertram im Kopfe rumorte; Auguste aber zog ihren Kollegen Karl La Roche vor. Mieter bei Kladzigs war der treffliche Schwerdgeburth, der uns die letzten Bilder von Goethe überliefert hat. Das letzte große Haus in der Reihe ist der ‚Russische Hof‘, ursprünglich ‚Alexanderhof‘ genannt: beide Namen sind nicht willkürlich, denn dieser Gasthof wurde 1803 erbaut, als der weimarische Erbprinz die russische Kaisertochter heimführte und nun namentlich aus Rußland viele zahlungsfähige Gäste erwartet wurden. Es war eine von Hauptmanns letzten Unternehmungen; mit Hauptmann zog die ‚Erholungsgesellschaft‘ vom ‚Anker‘ hierher; sie war 1799 begründet, aber eigentlich Fortsetzung des ‚Klubs‘, in dem einst Schiller, Wieland, Bertuch, Bode usw. sich bei Punsch und Kartenspiel unterhielten. Das kleinere Haus neben dem ‚Russischen Hofe‘ ist die 1801 genehmigte ‚Löwenapotheke‘. Neben ihrem Besitzer Tiezmann wohnte der Oberforstmeister v. Stein-Nordheim, dessen Witz und Übermut berühmt und gefürchtet waren.

Ein altes Ölbild zeigt uns den Blick von einem Dachfenster aus auf die Schwanseestraße, die von der Ecke des ‚Grabens‘ und Karlsplatzes nach dem „See“ führt, der ihr den Namen gegeben hat. Am oberen Ende der Häuserreihe haben wir uns die Bürgerschule zu denken; hinter den Häusern, links vom Bilde, Bertuchs Garten und Teich. Auf dem Bilde erkennen wir rechts von der Straße die ersten Häuser des Karlsplatzes wieder, die uns hier die Rück- und Gartenseite zukehren. Zwischen ihnen erscheint der dicke Kasseturm und die Stadtkirche.

Bertuchs Häuser Von Friedrich Neumann-Hegenberg

Die weimarischen Gelehrten, Dichter und Künstler waren zumeist unpraktische oder doch der „Welt" abgewandte Leute; zwischen ihnen aber bewegte sich ein Praktiker, Unternehmer, Politiker und Geschäftsmann: Friedrich Justin Bertuch. 1773 kehrte er in seine Vaterstadt Weimar zurück, sechsundzwanzigjährig, Literat, Dramatiker, Übersetzer. 1775 ward er Privatsekretär des Herzogs, auch Geldverwalter und bester Gehilfe bei der Anlage des Parks. Dann Verleger, Begründer und Unternehmer des Journals des Luxus und der Moden, der Jenaischen Literaturzeitung und vieler anderer periodischer Schriften, Herausgeber zahlreicher und kostbarer Bücher. Später auch Begründer eines geographischen Instituts. Schließlich auch Handelsvermittler für allerlei Kunst- und Industrie-Erzeugnisse, Begründer und Vorsteher des ‚Landes-Industrie-Comptoirs', Ernährer zahlreicher Schriftsteller, Zeichner und anderer Künstler und Arbeiter.

Von Haus aus war er ohne Vermögen. Im August 1777 gab ihm Herzog Karl August einen großen Baumgarten im Norden vor dem Erfurter Tore in Erbpacht. Diesen Garten schuf Bertuch zu etwas Einträglichem um, dann baute er sich selber ein erstes Haus davor. „Unstreitig in ganz Weimar das schönste Haus", nannte es Schiller im August 1787; dabei meinte er nur das nördliche Gebäude, das wir jetzt als einen Teil der großen Häusergruppe empfinden. Die Schönheit dieses Hauses ist namentlich im Innern erkennbar, in seiner Verbindung mit dem Garten und seinem großen Teichbecken. Bertuch baute weiter, wenn die Gelegenheit gut war; z. B. als er das Jakobstor auf Abbruch kaufen konnte und so zu billigen Steinen kam. Schließlich bestand seine Hofreite aus einem Corps de logis, zwei Flügeln und zwei Kommunikationsgebäuden an der Straße, wozu dann die Seiten- und Hintergebäude, zwei Höfe und der große Garten kamen. Der Teich blieb im Winter der Lustplatz der vornehmeren Schlittschuhläufer, die Goethe einst auf eben diesem Teiche zu dieser Kunst ermuntert hatte.

Bertuchs erstes gewerbliches Unternehmen war eine Fabrik künstlicher Blumen; mit zehn Mädchen begann er sie im Frühjahr 1782; seine Frau und seine Schwägerin hatten die Leitung, nur an vier Tagen der Woche ward gearbeitet; zu den Arbeiterinnen gehörte auch Christiane Vulpius, die später zur Geheimen Rätin v. Goethe emporstieg. Diese Blumenfabrik haben wir uns jedoch nicht hier außen in der „neuen Straße am Baumgarten" zu denken, sondern in dem Wochischen Hause am Erfurter Tore, im heutigen ‚Hotel Chemnitius', wo Bertuch bis zum 29. Juni 1802 sein ‚Landes-Industrie-Comptoir' hatte.

Seine Unternehmungen gelangen nicht alle, aber er leistete doch Unerhörtes. Als im Spätjahr 1805 vor dem herannahenden Kriegsgewitter alle Geschäfte darnieder lagen und viele Zahlungen ausblieben, ließ er wöchentlich 500 Taler Arbeitslohn in das arme Städtchen fließen; 450 Menschen hatte er zu ernähren. Als sich dann im Herbst 1806 die preußischen Regimenter in Thüringen versammelten, sah sein geographisches Institut wie ein preußisches Generalstabsbureau aus, denn hier drängten sich Offiziere und Feldjäger, um seine vorzüglichen Karten von Sachsen, Franken und Hessen zu kaufen, und Bertuch durfte damals spotten, daß „die Götter der Erde, welche Krieg führen, nicht verstehen oder nicht im Frieden daran denken, Das dazu veranstalten, was dazu gehört". Nach dem Zusammenbruch waren Männer wie Bertuch die Begründer eines neuen, haltbaren, auf die Kräfte aller Tüchtigen begründeten politischen Zustands. Er wirkte namentlich auch als Meister vom Stuhl der erneuerten Freimaurer-Loge. In der schönen Mittelhalle seines Hauptgebäudes bahrten die Brüder Wielands Leiche auf, ehe sie nach Oßmanstädt geleitet wurde.

Die Bürgerschule von Friedrich Neumann-Hegenberg Im Text: Aufnahme von Paul Schultze-Naumburg

Die im Staate vereinigte Gesellschaft stümpert oft kläglich im Kleinen, während ein Einzelner, der zu ihr gehört, auf eigenes Wagnis Größtes leistet: diese Erfahrung tritt monumental vor uns, wenn wir in der heutigen Bürgerschulstraße das Schulhaus und Bertuchs Gebäude aneinander messen. Bertuch, der kaufmännische Unternehmer, hat für die Volksbildung mehr getan, als zur selben Zeit die weimarische Staatsverwaltung.

Als Herzog Karl August sich seinem goldenen Regierungsjubiläum näherte, ging man denn doch endlich daran, für diejenigen Kinder, die nicht ins Gymnasium gehörten ein gehöriges Schulhaus zu schaffen; bisher waren sie trotzdem im Gymnasium mit untergebracht oder in der Mägdleinschule hinter der Stadtkirche oder in der Freischule „hinter dem Zuchthause“. Oberbaudirektor Coudray entwarf im Spätjahre 1821 den Plan; am 17. November 1822 legte Karl August den Grundstein: Das war ein so großes Ereignis, daß Goethe an sämtliche dichtende Honoratioren der Stadt die Aufforderung richtete, dies Beginnen festlich zu besingen; am Weihnachtstage überreichte der vierjährige Prinz Karl Alexander seinem Großvater diese Gedichtsammlung als Dank der Kinder Weimars. Um die Kosten dieses Schulhauses aufzubringen, vereinigten sich Staat, Stadt, Freimaurer-Loge und wohltätige Bürger.

Am 5. September 1825 geschah die Einweihung; sie gehörte mit zur Jubelfeier der fünfzigjährigen Regierung. Und Goethe besang zum zweiten Male die große Tat, daß nun die Schulkinder der Residenz aus dunkeln Winkeln in helle Räume gezogen wurden, und daß nun auch eine „Bürgerschulstraße“ sich im Schmuck der Kränze zeigen konnte: „Und jubelnd übermaßen / Durchziehet neue Straßen! / Wo wir ins Leere schauten, / Erscheinen edle Bauten / Und Kranz an Kränzen / Die Reihen entlang.“

Am 12. Juli 1826 ereignete es sich sogar, daß der alte Staatsminister v. Goethe ein Schulhaus betrat. Er fuhr mit Coudray und seinem Berliner Freunde Zelter zur neuen Straße. Am 17. Juli schrieb er darüber an den Großherzog, der sich in Wilhelmstal aufhielt: „Das Gebäude bewirkt schon selbst Kultur, wenn man es von außen ansieht und hineintritt. Die rohesten Kinder, die solche Treppen auf- und abgehen, durch solche Vorräume laufen, in solchen heitern Sälen Unterricht empfangen, sind auf der Stelle aller düsteren Dummheit entrückt und sie können einer heiteren Tätigkeit ungehindert entgegen gehen. Die Lehrart selbst war mir zu fremd und neu, als daß ich mir davon einen deutlichen Begriff hätte machen können; indessen mußte man gut davon denken, da die Kinder mit Schnelligkeit und Heiterkeit Fragen beantworteten und Aufgaben lösten.“

Die Schule hatte in ihren ersten Zeiten vier Knaben- und vier Mädchenklassen; in den Klassen saßen oft mehr als hundert Kinder. Außer den Klassenlehrern unterrichteten Seminaristen; das Schullehrer-Seminar war im selben Gebäude untergebracht.

Im Frühjahr 1861 hörte ein anderer Dichter dem Unterricht in dieser Bürgerschule zu, länger und eifriger als Goethe, ein Dichter, der zugleich ein Volkserzieher großen Stils war: Leo Tolstoi.

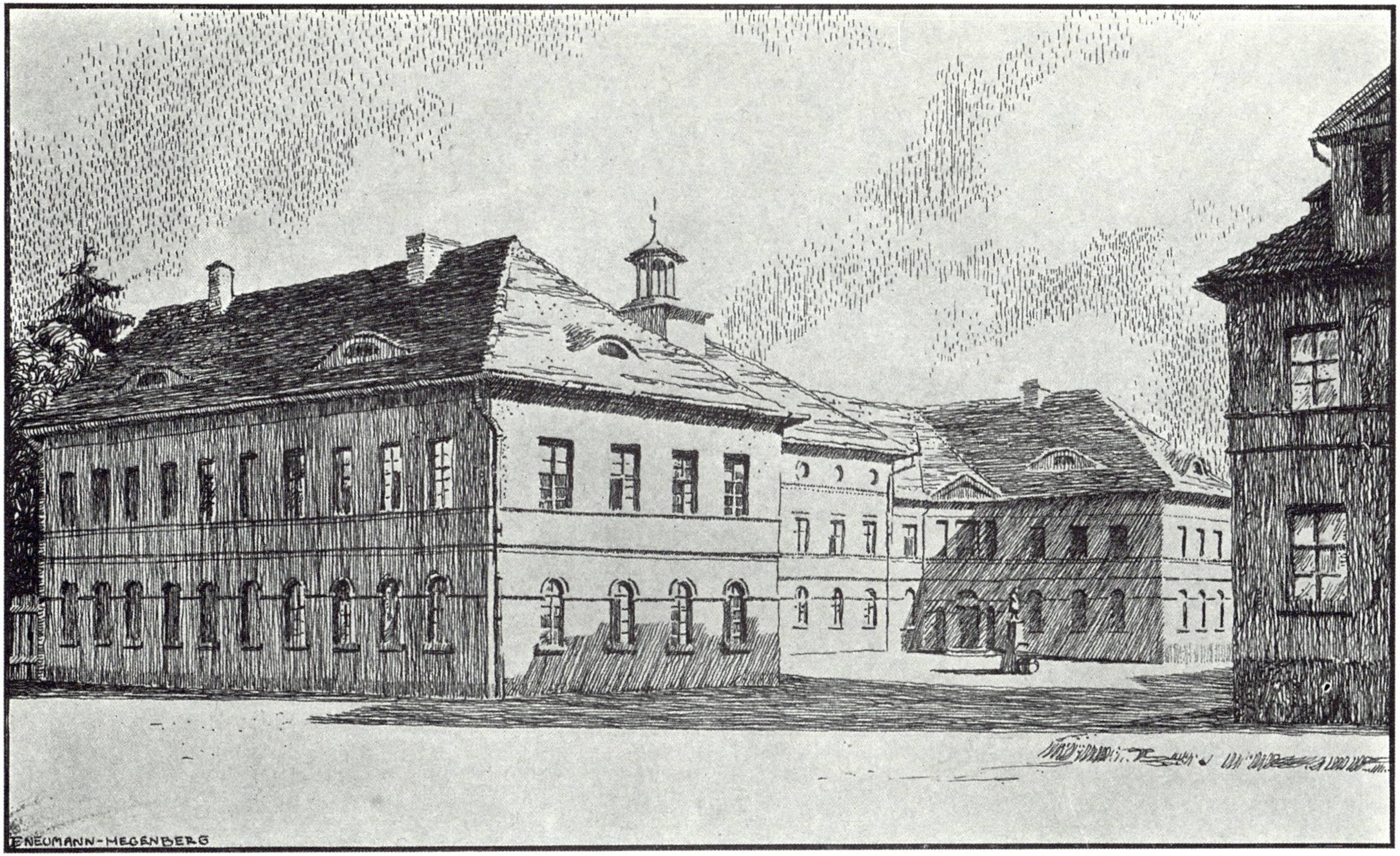
E NEUMANN-HEGENBERG

Der Jakobsfriedhof Von Ludwig Bartning — Textbild: Das Kassengewölbe

Die Jakobskirche, 1168 begründet, 1712 ganz neu auferbaut, war von 1728 an der Garnison zugewiesen, und 1778 zog auch die Hofgemeinde hier ein, da die Kirche im abgebrannten Schlosse doch so bald nicht wieder erstehen konnte. Hier hatte also z. B. Goethe seine kirchliche Stätte, und deshalb ward er auch in dieser Kirche (genauer: in der Sakristei auf der rechten Seite unseres Bildes) getraut, als er nach den Erlebnissen vom 14. und 15. Oktober 1806 nicht länger mehr zögern wollte, seine treue Hausfreundin Christiane in einen gesicherten und geehrten Stand einzusetzen. Gleich darnach ward die Kirche zum Lazarett für die bei Jena Verwundeten.

Der Platz um die Kirche war von 1535—1818 der Friedhof der Stadt. Er dehnte sich nach Norden und Süden weiter aus als heute, war gegen Rollplatz (s. Bild S. 94) und Jakobsstraße durch Mauern abgeschlossen und hatte nur einen Zugang: die Totengasse (jetzt: kleine Kirchgasse). Ein Teil der Grabdenkmäler ist erhalten geblieben, einige sind in neuerer Zeit wieder hergestellt. Wir erkennen noch die Ruhestätte von Lukas Kranach und der späteren Maler Löber und Kraus, die Gräber von Musäus und Christoph Bode, von Wilhelm v. Schmettau, dem alten General, der bei Jena verwundet, zuerst von Frau v. Stein gepflegt, dann im Schlosse durch den Tod erlöst wurde. Und wir sehen die Ehrensäule für den braven Zimmergesellen Zimmermann, der beim Schloßbrande umkam; an seinem Sarge standen die beiden Prinzen des Landes als erste Leidtragende. Neben ihm ruht „Euphrosyne“: Christiane Becker, geb. Neumann. Auch Herders Witwe und Goethes Frau wurden hier begraben.

Im Kassengewölbe an der östlichen Mauer (s. das Nebenbild) ist in der Nacht vom 11. zum 12. Mai 1805 Schillers Leiche beigesetzt. Einige Schüler leuchteten; die jungen Männer, die freiwillig statt der verpflichteten Handwerker den schweren Sarg hergetragen hatten und denen der lange Weg unter der ungewohnten Last sehr sauer geworden war, ermannten sich zur letzten Anstrengung. Kein Geistlicher, keine Rede, kein Lied. Kein Leidtragender außer Wilhelm v. Wolzogen, dem Schwager des Toten, und dem zufällig in Weimar anwesenden Prof. Ludwig Wilhelm Froriep, Bertuchs Schwiegersohn.

Am folgenden Nachmittage ward nach damaliger Sitte in der Kirche die Begräbnisfeier gehalten. Die Kirche war voll. „Die Kinder waren mit in der Kirche,“ erzählt Heinrich Voß, der in Schillers Familie wie daheim war. „Nicht die frostige Rede hat die Gegenwärtigen bewegt, sondern der Anblick der kleinen Emilie, die während der Rede so recht herzlich lachte, und der übrigen Kinder, die ihrem Vater bittere Tränen weinten ... Die kleine vierjährige Karoline fragte mich: ‚Voß, hast du auch den Papa mit weggetragen? Hast du ihn zum lieben Gott gebracht? Hat er den Papa freundlich aufgenommen?‘“

Die Fürstengruft Von Robert Bauer Im Text: Grabstätte von Goethes Nachkommen

Am 11. August 1818 wurde die erste Leiche, diejenige des Schauspielers Eulenstein, auf dem „neuen Friedhofe vor dem Frauentor" bestattet. 1825 ließ der Großherzog an dem damaligen oberen Ende dieses Friedhofs die Gruft für seine Familie durch Coudray erbauen. Als der Bau beendet war, wurden zuerst 26 Särge dahingeschafft, die bisher in einem Gewölbe des Schlosses gestanden. Am 16. Dezember 1827 wurden die Gebeine Schillers (was man dafür hielt) hierher getragen; der Schädel war zuletzt in der Großh. Bibliothek aufbewahrt worden. Am 28. Juli 1828 wurde Karl August selbst beigesetzt; am 18. Februar 1830 folgte ihm seine Gemahlin, Großherzogin Luise; am 26. März 1832 sein Freund Goethe.

Nach dem Tode der Großherzogin Maria Paulowna, die griechisch-katholischen Glaubens geblieben war, entstand (1858) als Anbau an die Fürstengruft eine russische Kapelle. Der Sarg der ‚Großfürstin' ward so aufgestellt, daß sie in dem nach ihrem Ritus geweihten Gewölbe der Kapelle und dennoch, durch keine Wand getrennt, neben ihrem Gemahl, ihren Schwiegereltern, ihren Nachkommen und den beiden großen Dichtern ruht.

Von den weimarischen Lebensgenossen Karl Augusts und Goethes ward die ältere Generation auf dem Jakobsfriedhofe bestattet; die Jüngeren finden wir zumeist hier auf dem „neuen" Friedhofe. Hier ruhen Goethes Altersfreunde: Eckermann, Riemer, Friedrich v. Müller, Johannes Falk und Heinrich Meyer. Von seinen Schauspielern: Oels, Anton und Eduard Genast, Durand, Pius Alexander Wolff, Stromeyer; von Musikern, die ihm nahe standen, Karl Eberwein und Johann Nepomuk Hummel; von bildenden Künstlern und Künstlerinnen: Peter Kaufmann, Angelika Facius, Luise Seidler, Schwerdgeburth, Schmeller, Preller. Auch einige Damen seines Kreises sind nun hier versammelt: Charlotte v. Stein, Sophie v. Schardt, Gräfin Bernstorff, Gräfin Henckel, Rätin Kotzebue, Gräfin Konstanze Fritsch.

Goethes Sohn fand seinen Frieden unter der Cestiuspyramide zu Rom; seine Enkel starben beide in Leipzig, seine Enkelin in Wien, aber diese letzten Goethes: Alma (gest. 1844), Wolfgang (1883) und Walther (1885) sind hier an der westlichen Mauer begraben. Unser Bild zeigt ihren Platz; bei ihnen schlafen ihre Mutter und ihre Großmutter Pogwisch. Seit 1910 steht hier ein Denkmal für Alma v. Goethe, dessen Figur lange Jahre im Goethe-Hause aufbewahrt worden war.

Weimar um 1840 Nordseite von Karl Hummel Südwestseite von Ed. Lobe Text: Neben dem Jakobsfriedhof

Die Menschen gehen dahin, die Städte bleiben. Weimar ist eine uralte Siedelung; bei den Ausschachtungen für neue Bauten, bei den Erweiterungen der Steinbrüche kommen Überreste der frühesten Zeiten zutage. Karl Augusts einundsiebzig, Goethes zweiundachtzig Lebensjahre, wie wenig besagen sie gegen diese Jahrtausende und ihre ungeheuere Kultur-Entwicklung! Jedes neue Geschlecht empört sich gegen die Herrschaft des vorigen; es möchte auf eine neue Weise reicher, klüger, glücklicher werden. Auch gegen Schiller und seine Freunde gelten die Verse, die Schiller „an die Freunde" richtete: „Wir, wir leben! Unser sind die Stunden, / Und der Lebende hat recht!"

Karl Hummel, auf dessen Knabenlocken Goethes Hand ruhte und der als rüstiger Greis noch uns von jenen Zeiten erzählte, hat um 1840 das Weimar gezeichnet, das die Großen eben verlassen hatten, jenes Städtchen, in denen wenige Getreueste: Eckermann, Friedrich v. Müller und Riemer, nur mit Mühe Goethes Andenken lebendig erhielten, wo Goethes Räume größtenteils und Schillers Wohnung gänzlich an Fremde vermietet waren, wo in Goethes Garten am ‚Stern' spielende Kinder die Bänke und Tische zersprangen, die er einst benutzte. Hummels Bild zeigt im Vordergrunde noch ein Stück der armen alten Landstadt; Eduard Lobe dagegen wählte die schon damals von den Vornehmen bevorzugte Südwestseite. Unsere letzten kleinen Bilder machen uns im Einzelnen noch einmal das kleinstädtische Wesen sehr deutlich, neben dem unsere Klassiker ihr Leben führten. Die drei Geschäftshäuser, die W. Grosch einst gezeichnet hat, standen bei der Einmündung der Kaufstraße in den Töpfenmarkt (Herderplatz); bei einer Verbreiterung der früher recht engen Gasse wurden sie niedergelegt; hinter ihnen erwuchsen dann die zwei Häuser des Hertelschen Spielwarengeschäftes. Daneben sehen wir das „Kannrickchen" (am „Graben" der Post schräg gegenüber): nur ein letztes Stück ist eben noch vorhanden. Unser Bild vom Rollplatz würde schon gar Niemand mehr erkennen, wenn nicht die Jakobskirche mit darauf wäre. Lotzes Gärtnerei hat dem Volkshause der Arbeiter den Platz geräumt. Stades Häuschen und den „Entenfang" sah man noch 1883 am Schützengraben vor dem großen Garten der Armbrustschützen; jetzt ist es die Ecke der Seminar- und Hummelstraße. — Dies kleinstädtische Weimar, diese

Häuslein und Gärten, in denen man sich Philemon und Baucis denken konnte, sind bis auf geringe Reste verschwunden. Die Lebenden haben ihr Recht gegen die Toten auch in Weimar rücksichtslos, und oft auch gedankenlos, gebraucht. „Wie in Berlin" möchten es Viele hier haben: das einzige Alt-Weimar würden sie darein geben gegen eine der allzuvielen mißlingenden Großstadtnachahmungen! Wir Andern wenden traurig die Augen ab, wenn wieder ein hübsches altes Stück den „Anforderungen der Neuzeit" weicht. Wir suchen uns in Bildern zu erhalten oder wiederherzustellen, was wir vor der „Wertsteigerung" nicht retten können.

Noch ist Manches übrig geblieben, und es kommen alljährlich Tausende, aus allen deutschen Ländern, aus allen Teilen der Erde in unsere Stadt, um diese Überreste herauszusuchen, die bisher verschonten Zeugen von dem alten, armen, kleinen Weimar, in dem die großen, edlen Menschen herumgingen: Männer und Frauen, die längst verwest und doch noch so lebendig sind, die wir lieben und verehren, weil sie uns erhöhen können.

Und was macht auf die Besucher den tiefsten Eindruck? Das Kleine, Enge, Prunklose, Schlichte, Natürliche in der Umwelt jener Menschen, ihre Einfachheit und Bedürfnislosigkeit.

Zwei niedrige Zimmer in einem Hinterhause empfinden sie als das innerste Heiligtum in Alt Weimar!

Von diesem Buche sind zwei Ausgaben auf verschiedenem Papier gedruckt. Die Bildstöcke wurden von der graph. Kunstanstalt Meisenbach, Riffarth & Co., Leipzig, geliefert. Der Druck ∴ ∴ erfolgte bei Emil Herrmann senior in Leipzig. ∴ ∴